中国社会科学院创新工程学术出版资助项目

社会发展与社会治理文库

田丰 郭冉 张书琬 著

唤醒"消失"的主人

数字时代的网络适老化研究

The Study of Elderly-Oriented Internet Society in the Digital Era

VISUALIZING THE INVISIBLE HOSTS

社会科学文献出版社
SOCIAL SCIENCES ACADEMIC PRESS (CHINA)

目 录

前 言 …………………………………………………… 001
  一 研究思路和研究方法 ………………………………… 001
  二 内容框架和章节设置 ………………………………… 002

第一章 研究背景 ………………………………………… 001
  一 积极应对人口老龄化国家战略 ……………………… 001
  二 新冠肺炎疫情产生的倒逼效应 ……………………… 004
  三 互联网渗透带来老年用户激增 ……………………… 006
  四 延迟退休政策带来的人口红利 ……………………… 009

第二章 网络适老化研究评述和政策分析 ……………… 012
  一 网络适老化相关研究回顾和评述 …………………… 012
  二 适老化相关政策分析 ………………………………… 020

第三章 老年人数字生活与数字分层 …………………… 029
  一 老年人数字生活 ……………………………………… 029
  二 老年人的信息能力 …………………………………… 044
  三 老年人的信息观 ……………………………………… 049
  四 老年人的数字分层 …………………………………… 052

第四章　老年人数字分层的影响因素 ············ 061
　一　社会分层影响因素 ····························· 061
　二　影响数字分层的一般变量 ····················· 063
　三　影响数字分层的内生变量 ····················· 093

第五章　老年人网络生活痛点 ···················· 108
　一　数字生活对老年人的双重排斥 ··············· 109
　二　新冠肺炎疫情中老年人的工具性卷入 ······ 114
　三　老年人网络生活痛点的具体内容 ············ 119

第六章　适老化的期待与困境 ···················· 142
　一　老年人的适老化期待 ·························· 142
　二　适老化改造深层困境 ·························· 143

第七章　唤起主体性的适老化政策 3.0 ········· 157
　一　老年人网络学习的四重障碍 ·················· 157
　二　后疫情时代适老化舆情的关注热点 ········· 161
　三　适老化政策 3.0 的思路 ······················· 167

参考文献 ·· 170

附录　研究对象和方法 ····························· 184
　一　定性数据 ··· 184
　二　定量数据 ··· 186
　三　大数据 ·· 186

致　谢 ··· 189

前　言

一　研究思路和研究方法

本研究旨在全面展示数字时代老年人在互联网社会中的数字生活特点，分析老年人的网络使用和数字融入情况，由此阐述老年人对网络适老化的切实需求，并对网络适老化未来的发展路径提出相关建议。

本研究在对相关政策进行分析的基础上，对老年人以及为网络适老化提供技术支持和产品支持的技术方进行焦点组访谈和问卷调查，结合大数据分析方法，对老年人互联网生活的现状、痛点和问题，以及老年人的数字分层及其影响因素进行全面分析。由此，从宏观文化与政策（社会发展背景、政策背景）－中观社会环境（技术方、社会支持系统、疫情下的社会环境）－微观个体与家庭（老年人个体、家庭角色关系）三个层面对网络适老化问题进行系统研究。

```
┌─────────────────────────────────────────────────┐
│              宏观文化与政策                      │
│  ┌──────────────────────┬──────────────────┐   │
│  │ 积极应对人口老龄化国家战略 │  网络适老化政策  │   │
│  └──────────────────────┴──────────────────┘   │
└─────────────────────────────────────────────────┘
                      ↓
┌─────────────────────────────────────────────────┐
│              中观社会环境                        │
│  ┌──────────────┬──────────┬──────────────┐    │
│  │ 产品设计与企业责任│ 社会支持 │  疫情冲击    │    │
│  └──────────────┴──────────┴──────────────┘    │
└─────────────────────────────────────────────────┘
                      ↓
┌─────────────────────────────────────────────────┐
│              微观个体与家庭                      │
│  ┌──────────────┬──────────────┬────────────┐  │
│  │ 老年人数字分层 │ 老年人心理需要│家庭角色与家庭支持│  │
│  └──────────────┴──────────────┴────────────┘  │
└─────────────────────────────────────────────────┘
```

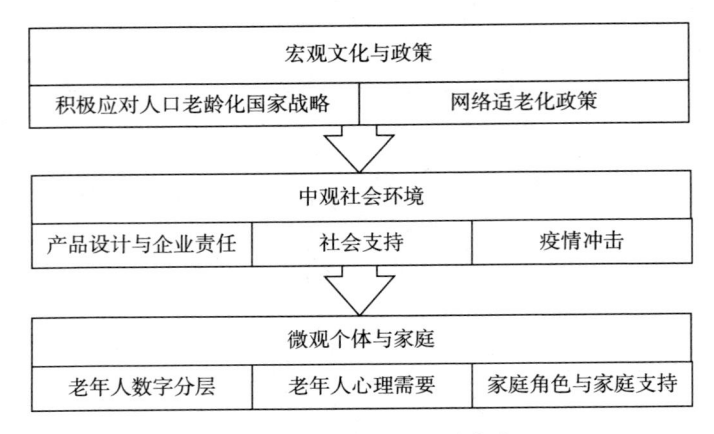

图 0-1 网络适老化研究框架

二 内容框架和章节设置

本研究围绕研究框架对网络适老化问题进行了深入论述。第一章对网络适老化发展所处的经济社会背景进行全面分析，包括我国人口老龄化的现状、积极应对人口老龄化国家战略和延迟退休政策、新冠肺炎疫情的影响和老年互联网用户激增的情况。在此基础上，提出本研究的问题和具体研究框架。

第二章着重对网络适老化相关研究和政策进行梳理分析，综述了数字鸿沟与数字排斥、数字平等与数字分层、数字代沟与数字反哺、数字融入与数字赋能、数字适老与数字红利等研究内容。在政策分析中，结合老年网民的变动趋势和新冠肺炎疫情的影响，划分了政策1.0、政策2.0两个阶段，并提出需要进入后疫情时代政策3.0阶段。

第三章侧重从老年人个体层面展示老年人在互联网社会中的数字生活图景，涉及游戏、社交、支付等方面的具体内容，比较了2017~2021年老年人信息能力的变化，进而从"信息能力-数字融入必要性"两个维度进行老年人数字分层，通过聚类得出老年人数字分层的类型，并探讨了不同数字分层类型的老年人的特点。

第四章分析了老年人数字分层的一般影响因素和内生影响因素。从一般影响因素来看，出生队列、受教育水平、职业经历、健康状况、社会地位、社会资本、社会和家庭角色等变量会有一定影响，但更重要的是内生影响因素。老年人的网络主体性和老年人网络生活的行动愿景对数字分层有着重要作用，主体性强的老年人在数字分层上更加主动，学习态度、数字生活的嵌入程度、养老方式选择和信息安全认知等也会显著影响数字分层。

第五章从数字生活对老年人的双重排斥入手，专注于当下老年人网络生活的痛点，特别是在新冠肺炎疫情中老年人被工具性卷入的背景下，其身体机能的衰退、经济角色的边缘化、社会角色的单一化、数字形象的负面化、自我效能感的缺失、角色定位的偏倚、个体尊严的丧失、代际话语权的更替等，这些不是简单地进行网络适老化改造所能够解决的潜在问题。

第六章分析了社会对网络适老化的期待，包括老年人对厂商设计手机、预先安装手机软件时的需求等，进而探讨了网络适老化改造需要进一步解决的深层次问题，如非具身设计不友好、难以克服恐惧心理、网络的安全性问题、老宅族防沉迷、非理性消费风险大等。这些深层次问题在网络适老化改造中未必能够完全解决，甚至一些问题极有可能因网络适老化改造而更为凸显。

第七章从老年人与青少年、中年人在学习曲线上的差异入手，探讨老年人进行网络学习的四重障碍——网络接入障碍、软件操作障碍、网络安全障碍、重塑主体障碍，并在积极应对人口老龄化国家战略和延迟退休政策背景下提出了适老化政策3.0的倡议，以期能够在后疫情时代为未来网络适老化发展提出相关建议，真正使老年人同等地被视为互联网社会的主人，避免他们在网络生活中处于"消失"的不利境地。

第一章
研究背景

一 积极应对人口老龄化国家战略

从 2000 年前后进入老龄化社会至今，中国已经经历了一个较长的人口老龄化加速期，人口老龄化程度不断加深。据第七次全国人口普查数据，截至 2020 年，中国 60 岁及以上老年人口总量已达 2.6 亿，从 2010 年到 2020 年的 10 年间，60 岁及以上老年人口增加了 8600 万人。老年人口在总人口中所占的比例持续增加，从 2010 年的 13.26% 上升到 2020 年的 18.70%。2020 年，除西藏外，其他 30 个省、自治区、直辖市（不包括港、澳、台）65 岁及以上老年人口比重均超过了 7%。其中，12 个省、自治区、直辖市 65 岁及以上老年人口比重超过了 14%。根据预测，中国老年人口规模到 2035 年和 2050 年时将分别达到 4.12 亿人和 4.80 亿人（杜鹏、李龙，2021），占总人口的比例将超过 1/4，中国将成为全世界人口老龄化程度最深的国家之一。

中国的人口老龄化不仅增速快，而且具有老龄人口规模大、呈现显著高龄化、城乡不均衡、老年抚养比高、未富先老等特点（陆杰华、郭冉，2016）。原新（2018）认为我国人口老龄化具有"四超"特点，即超大规模的老年人口、超快速度的老龄化进程、超高水平的老龄化程度、超级稳定的老龄化形态。中国人口老龄化所呈现的特殊性，以及特殊性背后应对老龄化难度的增加，已经成为学界共识。因此，应对人口老龄化必须有国家层面的整体战略举措，即积极应对人口老龄化国家战略，而网络适老化改造是互联网社会积极应对人口老龄化的重要举措。

2002年，世界卫生组织（WHO）首次提出"积极老龄化"概念，并将其定义为"为提升老年人生命质量，充分利用各种机会追求健康、参与和保障的过程"（世界卫生组织，2003）。在世界卫生组织的倡导下，积极老龄化成为世界老龄化国家的共识，党的十九大以来，中国积极应对人口老龄化，达到了前所未有的新高度。习近平同志在党的十九大报告中指出："积极应对人口老龄化，构建养老、孝老、敬老政策体系和社会环境，推进医养结合，加快老龄事业和产业发展。"这表明了我国积极应对人口老龄化的方向。2019年11月，中共中央、国务院印发《国家积极应对人口老龄化中长期规划》，明确了未来积极应对人口老龄化的三个时间节点，从财富储备、劳动力供给、为老服务和产品供给体系、科技创新能力和社会环境建设五个方面提出了具体要求，这使得积极应对人口老龄化国家战略的目标更加清晰、发展方向更加明确。《中共中央关于制定国民经济和社会发展第十四个五年规划和二〇三五年远景目标的建议》明确提出，实施积极应对人口老龄化国家战略，是中国首次将积极应对人口老龄化上升到国家战略层面的新高度，这一战略对于指导全社会积极主动应对人口老龄化带来的危机和挑战、挖掘老龄社会机遇、激发社会活力具有重要指导意义。

长期以来，学者们探索积极应对人口老龄化的策略，不仅有理论诠释（邬沧萍，2013）和顶层设计（陆杰华，2018），还有政策分析（原新，2018；郝福庆等，2019；杜鹏、陈民强，2021）和战略措施（侯蔺，2017；王胜今、舒莉，2018；曾红颖、范宪伟，2019；李志宏，2020；青连斌，2021）等。积极应对人口老龄化国家战略已经有了较为清晰的政策框架和对策措施体系，如杜鹏和陈民强（2021）将该战略界定为：党和政府合理配置和充分调动国家资源，积极应对人口老龄化带来的风险和挑战，挖掘老龄社会机遇，激发社会活力，从而维护人民群众根本利益，实现国家既定发展目标。同时，他们提出了积极应对人口老龄化国家战略具有从"治已病"到"治未病"的预防性、从只关注个体老年阶段到关注全生命周期的全面性、从只关注老年人群体到关注全人群的系统性三大原则。

"十四五"期间，老龄化与高龄化并存的人口态势成为国家和社会必须面对的现实情况，积极应对人口老龄化国家战略势必会成为破解老龄化带来的诸多难题的一项新国策（陆杰华，2018），而互联网社会如何积极应对人口老龄化在全世界范围内依然是一个有待探讨的议题。

国内有学者认为"数字化"和"老龄化"是当今中国社会的基本特征（赵娜、谭天，2021），人口的老龄化与社会的网络化交织。一些研究者认为互联网使用在促进老年人实现积极老龄化方面具有显著的积极作用。互联网使用能够提升老年人的心理健康水平、社会适应水平以及社会参与能力，提高老年人的整体生活满意度。老年人使用互联网越频繁，其各项指标的正向改善程度就越加深。在使用互联网的老年人中，不同的互联网功能（聊天、看影视剧、玩游戏、看新闻、购物、炒股等）会对老年人的各项指标产生不同的影响（靳永爱、赵梦晗，2019）。这就意味着，互联网社会中网络技术的应用对激励老年人适应全新社会生活方式、增加社会参与、促进社会融入具有重要意义，也对推动积极老龄化和提升老年人生活质量具有积极意义。

还有一些研究者发现，互联网社会在给老年人带来积极生活的同时，也引发了不少问题。由于老年人本身属于数字社会的"移民"，在生理机能和学习能力都开始衰退的前提下，他们想要融入互联网社会的难度大大增加，与主流社会"脱节"和"断裂"所引发的"数字焦虑""数字鸿沟""数字代沟""数字排斥"等问题，成为老年人在互联网社会中生存和生活面临的巨大挑战。

互联网加快了信息的传播速度，深刻地改变着人们的生活方式。如今，网络已然成为人们社会生活中不可或缺的一部分，老年人群体也不得不融入网络社会。老年人的数字融入不仅是老年人自身生存、发展与社会参与的需要,还是促进代际和谐的重要途径,更是刺激第二次人口红利、扩大老年消费市场的动力来源。这符合提升政府公共服务能力和推动老龄化治理创新的要求(谢秋山、岳婷,2019)。与此同时,利用信息技术改善健康状况、参与社会和获得社会保障是促进积极老龄化、提升老年人生命质量的重要途径(刘述,2021)。郝福庆等在研究中提到实施积极应对人口老龄化国家战略,需要强化老龄化社会的科技支撑能力,提高国民经济产业体系智能化水平,积极推动人工智能替代技术发展,大力发展高科技的适老产品。在此背景下,加快老年人的数字融入进程是促进积极老龄化的重要内容,也是推进积极老龄化过程中亟待解决的重要问题(刘述,2021)。

二 新冠肺炎疫情产生的倒逼效应

根据世界卫生组织最新统计数据,截至2021年8月底,全球累计新冠肺炎确诊病例超过2.1亿人,累计死亡病例接近450万人。为了应对新冠肺炎疫情、控制疫情传播,中国采用了覆盖全国范围的、以扫描二维码为主的无接触式个人电子信息登记方式,无论是乘坐公共交通出行,还是进入公共场所,出示健康码和扫描二维码成为人们日常生活中的常规动作。新冠肺炎疫情防控的智能化、网络化和数字化,在现实生活中满足了人们日常生活的需求和国家疫情防控的需要,让中国在新冠肺炎疫情席卷全球的2020年成为全球唯一实现经济正增长的主要经济体[①],为经济社会平稳发展做出了巨大的贡献,也为人们生命安全和生活健康创造出了极大的综合效益和社会价值。不容忽视的是,在智能化、网络化和数字化的疫情防控中,老年人已经成为一个被漠视的群体,这给他们的生活带来了诸多不便。

疫情期间,国内主要媒体对老年人互联网使用所暴露出的问题十分

---

① 《中华人民共和国2020年国民经济和社会发展统计公报》,http://www.stats.gov.cn/tjsj/zxfb/202102/t20210227_1814154.html,2021年2月28日。

关切。《解放军报》在 2020 年 9 月 7 日的报道《没预约就不能看病？老人就诊之难：不会网上挂号，去医院这咋就是白跑一趟》、《光明日报》在 2020 年 9 月 13 日的报道《"数字鸿沟"怎么消除？》、《南方周末》在 2020 年 10 月 27 日的快评《无预约老人不能看病？数字化社会不应抛弃老年人》、《南方周末》在 2020 年 10 月 25 日的报道《趣头条发布老年人互联网生活报告：全国超 10 万老人或患"网络孤独症"，日在线超 10 小时》等文章均反映出，对年轻人而言看似简单的扫一扫操作，却是老年人的"心病"。老年人因为不会使用二维码、手机支付、小程序等智能手机功能，不能乘坐公交车、地铁，不能进入超市购物，甚至不能进入医院就诊，这使得在一些社会场景下爆发了老年人和其他群体的激烈冲突。

这些问题暴露出在互联网为经济社会发展发挥越来越大的促进作用的同时，老年人在适应数字生活方面还存在许多问题，这引起了学界的普遍关注。新冠肺炎疫情防控在掀起我国数字化建设热潮的同时，也使老年人的数字融入困难成为疫情防控常态化下社会治理的重点和痛点（杜鹏、韩文婷，2021；杜鹏、陈民强，2021）。尤其是在新冠肺炎疫情引发的公共卫生危机中，老年人由于不会注册健康码、不会线上挂号、难以充分利用手机等智能设备及时获取与疫情防控相关的重要信息和资源而频繁陷入窘境，公共卫生危机进一步转化为老年人的信息危机，解决"数字鸿沟"问题的重要性和紧迫性越发凸显（陆杰华、韦晓丹，2021）。黄瑞（2021）也提到在新冠肺炎疫情期间，不会使用智能手机的老年人无法出示防疫健康码，导致其自由通行的权利被剥夺。网络支付、网上挂号和网上购物等智能化方式带来的困境对老年人形成了技术压迫，使老年人在出行、旅游、医疗和消费等方面的基本权利难以得到保障。

事实上，新冠肺炎疫情对老年人生活产生的影响并不像媒体报道的那么简单，而是形成了多种不同的效应。一些老年人对社会环境的适应能力比较强，在使用智能手机等方面有比较好的基础，不仅很快学会了扫描二维码、自查健康信息等出行办事的必要性操作，实现了"二维码自由"，而且学会了使用小程序、网络约车、扫码购物等衍生性操作，游刃有余地拓展了网络生活的边界，成为"自由族"。另一些老年人在环境的倒逼机制下，在接打电话、收发微信的基础上，也掌握了满足生活出行办事最低要求的技能——查询健康码、扫描二维码，符合了新冠肺炎疫情防控的要求，保持了原有的生活方式，成为"适应族"。也有一些老年人被二维码影响了生活，他们没有智能手机或者不会进行扫码之类的"复杂"操作，在新冠肺炎疫情防控的要求下，不得不改变原有的生活方式，只能够自觉地减少外出、避开需要使用智能手机扫码的公共场所，更多的是在相对狭小的生活区域内生活，居家生活的时间大大延长，成为"老宅族"。最后还有一些老年人，他们受到客观因素的影响，不会使用智能手机和出示健康码，却没有改变自己的生活方式，在日常生活中经常碰壁，乃至爆发冲突，成为"碰壁族"。可见，在新冠肺炎疫情防控的倒逼机制下，老年人依据自身基本条件和对网络生活的适应能力，展现出了不同的应对策略，也催生出了不同类型的老年人群体。但不可否认的是，无论老年人的应对策略如何，在后疫情时代，老年人的"数字鸿沟"和"数字排斥"问题将持续、深入地影响老年人群体，并且随着经济社会的发展和社会老龄化程度的加深会导致更大的社会落差和更严重的群体分化，老年人如何避免从"数字移民"变成"数字遗民"也将成为经济社会发展过程中不容忽视的社会问题（杨峥威、曹书丽，2021）。这些问题在疫情的倒逼机制下，更加引起了全社会的关注。

三　互联网渗透带来老年用户激增

　　自新冠肺炎疫情发生以来，老年人日常生活与网络生活之间的界限越来越模糊，本以为可以在互联网浪潮之外生活的老年人，在疫情期间成为使用网络的人口的增量"新人"。当老年人涉足网络生活之后，他们在互联网社会中的社会形象、社会关系和社会支持网络发生了翻天覆地的变化。

首先,老年人使用互联网的人数和比例呈迅速上升态势。根据中国互联网络信息中心(CNNIC)发布的历次《中国互联网络发展状况统计报告》,在 2012 年之前 60 岁及以上老年人网络用户规模较小、占比极低,到 2012 年底,老年人网络用户大约只有 1000 万人,占比约 1.8%。2012 年之前,人们接入网络的重要设备是台式机和笔记本电脑,高昂的设备购置费用成为老年人接入网络的最大障碍,此时的"数字鸿沟"是以网络接入硬件设备为代表的"数字鸿沟"。

在 2012 年之后,随着智能手机日渐普及,老年人网络用户的数量和比例持续增加,特别是微信成为人们日常生活中联络、沟通、交流的必备工具后,智能手机和微信成为老年人免费联系亲友与儿孙的首选,发表情包、发送语音、视频连线也成为他们的网络基本操作技能。2018 年中国社会科学院社会学研究所、腾讯社会研究中心、中国社会科学院国情调查与大数据研究中心联合发布的《中老年互联网生活研究报告》显示,总体上,中老年人对互联网的应用仍然集中于通信交流和信息获取方面,如能够使用微信基本功能的老年人已达 80%。一些在人们印象中专属于年轻人的便捷功能也逐渐融入中老年人的生活当中,如超过半数的老年人已经会在日常生活中使用手机支付功能、1/3 的老年人会使用网络购物,互联网已经成为老年人进行娱乐休闲的重要渠道。可见,硬件设备费用过高带来的"数字鸿沟"的影响已经大大降低,影响老年人使用网络的"数字鸿沟"主要是手机应用软件的操作难度。

根据中国互联网络信息中心 2018 年 12 月发布的第 42 次《中国互联网络发展状况统计报告》,在中国 8.29 亿网络人口中,老年人的比例已经增加到 6.6%,总规模达到 5500 万人左右,与 2012 年相比增长了 5 倍多,增速远远高于全国人口的平均水平,智能手机的带动效应非常明显。没有人能够想到,在新冠肺炎疫情的倒逼机制下,老年人网络用户的规模和比例出现了一个跳跃式增长的态势。中国互联网络信息中心发布的

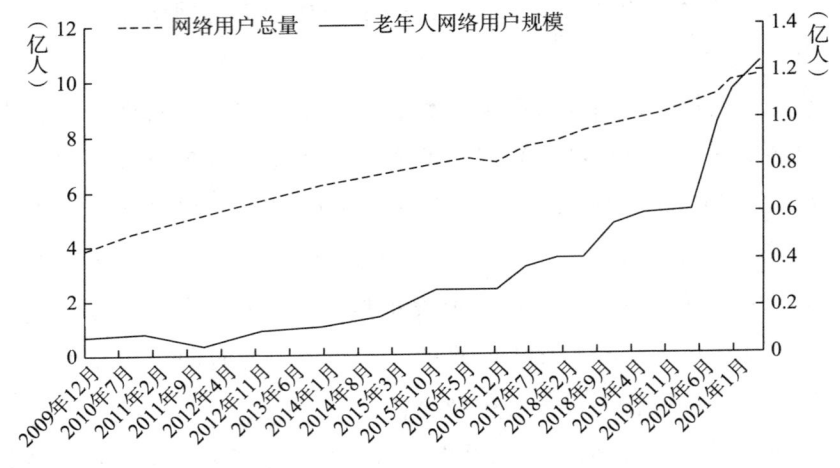

图 1-1　2009~2021 年老年人网络用户的规模变化

第 48 次《中国互联网络发展状况统计报告》显示，截至 2021 年 12 月，中国 10.11 亿网民中 60 岁及以上网民占比达到 12.2%，由此估算老年网民的数量达到了 1.23 亿人，新增网络人口的主要群体由青年人群体向老年人群体转变。

由于在疫情期间老年人外出购物受到一定的限制，所以线上生活缴费、网络电商等成为老年人在线支付的主要使用场景，在线支付人数出现了爆发式的增长。基于微信支付的大数据分析发现，自 2017 年起，逐渐有老年人在日常生活中使用微信支付，老年人群体使用微信支付的频率不断增长。2018 年 6 月，微信上线"亲属卡"产品，用户可在微信上给父母、子女等开通"亲属卡"并进行代付，此举促进了老年人群体在日常生活中使用微信支付以代替原始的支付方式，"亲属卡"受到了老年人广泛青睐，自产品上线起使用的老年人数量快速增加。从 2020 年开始，新冠肺炎疫情促使越来越多的老年人学会使用第三方支付功能，老年人群体使用微信支付的增长率呈现持续高增长趋势，2021 年第一季度使用微信支付的老年人数量比 2018 年第一季度增长了 4 倍多，比 2017 年第一季度增长了 10 倍左右，老年人群体使用微信支付已趋于常态化。

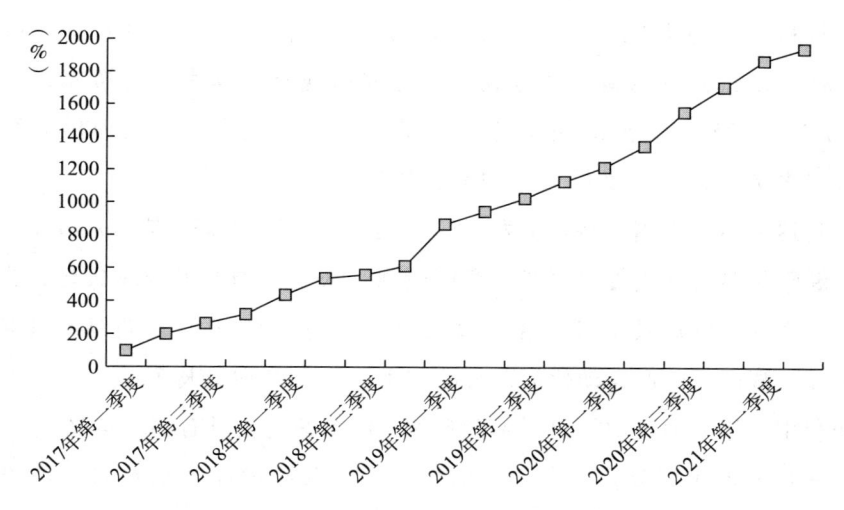

图 1-2　2017 年以来老年人使用微信支付的规模变化
资料来源：微信支付数据。

随着老年人网络用户数量的不断增长，以及互联网渗透到生活的方方面面，老年人获得了更加全方位的互联网使用体验，但仍存在"数字融入"困难，老年人适应数字生活的速度与互联网进入老年人生活的速度之间存在差距（杜鹏、韩文婷，2021）。与此同时，随着老年人生理功能的退化，其家庭重心以及结构等方面也在悄然发生变化。在信息技术发展如此迅速的时代，老年人必须直面文化、生活及消费等一波又一波的革新浪潮。然而，从老年人的角度来说，他们中的大多数人对数字时代的信息技术手段不太熟悉，并且他们的子女都不在他们身边，从而导致他们失去了"文化反哺"的条件，使得老年人身上存在的"数字鸿沟"问题更加明显。

四　延迟退休政策带来的人口红利

随着中国人均预期寿命的不断延长、劳动力健康预期寿命的延长和受教育年限的逐渐增加，大量健康人力资本处于闲置状态。为了解决人口年龄结构失衡的问题，中国政府已经确立了"小步调整、弹性实施、分类推进、统筹兼顾"的渐进式延迟退休方案。根据相关人口预测方案，通过渐进式延迟退休的方式，充分利用现有的健康人力资本，可以在 2025~2035 年增加 8000 万个健康劳动力，避免中国劳动力供需缺口因人口老龄化而大幅度扩大（向晶，2021）。

延迟退休是中国经济社会发展的必然选择，我国低龄老年人口规模庞大、健康状况得到改善、再就业意愿较强，人力资源开发成本较低，为老年人力资源开发提供了可行性（曾红颖、范宪伟，2019）。同时，以互联网、人工智能、生产自动化为代表的技术进步和产业结构升级也为充分开发和利用老年人力资源提供了基础条件，网络适老化具有多重意义。

一是有助于充分开发老年人的生产力。互联网作为信息时代最重要的生产工具之一，对老年人继续实现自我价值、推进智慧老龄化及积极老龄化进程、弥补劳动力短缺及缓解社会养老压力具有关键作用（吕明阳等，2020）。开发老年人的生产力一方面要解决"数字鸿沟"的问题，让老年人学会掌握网络技能；另一方面，考虑到未来 60 岁及以上的老年人，他们本身已经掌握了一定的网络技能，却不可避免地出现了身体机能的退化，需要解决的主要问题是如何在这种情况下，使他们保持使用网络的能力。因此，从充分开发老年人生产力的角度来看，网络适老化要分成两个层次，一个是消除"数字排斥"和"数字鸿沟"，另一个是保持老年人使用网络的能力。

二是有助于增强社会消费力。我国经济发展需要充分发挥超大规模市场优势和内需潜力，构建以国内大循环为主体、国内国际双循环相互促进的发展新格局。由老年人口消费和老年人市场构成的"银发经济"是体现中国市场优势和内需潜力的重要部分。网络适老化让老年人掌握和使用互联网社会所必需的工作技能，实现有生产力的延迟退休，这可以在短期内提高社会储蓄率，促进社会财富的积累，为全社会的投资和消费提供动力，从而促进经济增长，实现第二次人口红利（刘渝琳、李宜航，2017）。此外，互联网时代的消费场景呈现多元化的特点，新冠肺炎疫情期间，网络直播购物、网络生鲜外卖等新的消费场景都建立在网络技术的基础之上，甚至在现实社会生活中，传统消费场所如菜市场也都普遍采取扫码付款的方式，如果没有充分的网络适老化改造，老年人将会成为互联网消费中的异类，导致他们的消费路径减少、消费欲望降低。反之，网络适老化改造会增加老年人的消费路径，提升他们的消费欲望，增强整个社会的消费能力。

三是有助于打破信息壁垒。在互联网社会中，网络技术是人们生活和娱乐的工具，也是信息流动和信息交互的重要通道。在人口老龄化的过程中，虽然老年人拥有丰富的经验和娴熟的技能，但是老年人力资源市场仍存在信息不对称的问题。尽管国家出台了延迟退休的政策规定，但由于缺少老年人职业介绍机构，且老年人对网络信息手段较为陌生，所以更容易产生"数字鸿沟"，阻碍老年劳动力进入市场（李长安、蒋余丽，2020）。一系列网络适老化政策的陆续出台，为老年人打破信息壁垒提供了帮助。

四是有助于重构老年人的学习生态。随着延迟退休政策逐渐落地，老年人不仅需要解决生理机能退化所引发的生产生活问题，而且需要解决知识老化、技术更新带来的学习和培训问题。随着现代科学技术和人工智能的迅速发展，"知识爆炸"必然会导致知识更新的周期缩短，人们在进入老年生活阶段的同时也产生了巨大的学习需求。但破解老年人的学习需求难题，仅仅依靠现有社会提供的学习服务体系和传统的教育培训方法是远远不够的。网络适老化改造是重构老年人学习生态的重要途径，需要构建支持老年人系统化学习的数字化巨型平台、创新老年人学习虚实融合大空间、开发易学促创优质老年人学习活资源、开展"人工智能+老年学习"新服务（张高飞等，2021）。

综合上述四个方面，如果在延迟退休政策的执行过程中，将健康人力资本与网络技术、人工智能相结合，就能够激发出巨大的人口红利，这恰恰是积极应对人口老龄化国家战略所需要的。在此过程中，如何让老年人顺利融入互联网社会、融入网络生活、习得网络使用技能，激发他们的主体性和积极性，是未来网络适老化改造过程中必须要解决的重要问题。

第二章
网络适老化研究评述和政策分析

一 网络适老化相关研究回顾和评述

随着网络技术和人工智能技术的不断更新迭代，全球社会正处于快速的数字化、网络化、信息化和智能化进程中，互联网不仅加快了信息的传播速度，而且深刻地改变了人们的生活方式，老年人也不可避免地被卷入互联网时代。众多学者的研究发现了互联网、人工智能及社交媒体为老年人做出的积极贡献，更多的研究者关注到老年人面临着"数字焦虑""数字鸿沟""数字代沟""数字排斥"等重大挑战，老年人与互联网社会的"脱节"和"断裂"是最受关注的研究课题。

（一）"数字鸿沟"与"数字排斥"

"数字鸿沟"是互联网社会出现的新概念，反映了数字化接入（digital access）过程中的两个主体，即拥有者（haves）及缺失者（have-nots）之间的失衡状态。20世纪90年代中期，美国出现了早期的"数字鸿沟"概念，到21世纪初，其在计算机科学、社会学和公共政策多领域的学术研究和政策实践中受到了关注并得到了发展（Gunkel，2003）。"数字鸿沟"是信息时代的一种新的伦理现象，在相关研究中共衍生出三道"数字鸿沟"：接入沟、使用沟、知识沟（刘海明、马晓晴，2021）。

当前，部分群体在"数字鸿沟"的现状下能够比较轻易地获得优势地位，这得益于一方面其在当下社会网络中处于度值较大并且中心度较高的位置，另一方面其获得社会资源包括经济、社会文化及信息资源的效率较高（胡泳，2015）。从更深层次的角度来讲，由于数字化技术应用对于社会关系的影响，处于优势地位的人以及精英群体更能利用社交媒体维护自身的弱关系，增强弱关系效用；同样，处于弱势地位及"数字贫困"状态的群体会在这一过程中更加边缘化，最终加深两类主体间的"数字鸿沟"（丁魁礼、钟书华，2013）。数字化基本信息素养的匮乏和接入机会的欠缺，导致弱势主体在"数字鸿沟"中更容易缺席网络信息社会中的各类社会活动，缺少进入不同生产部门的机遇。概括来说，"数字鸿沟"的扩大是社会公平的负面因素（"数字鸿沟"的扩大会对社会公平产生负面影响），会通过各项具体的社会机制与过程加剧社会平等的固化和再生产（刘济群，2016）。

在老龄化和数字化并行的时代，老年人群体要比年轻人群体更容易被排斥在互联网之外（陈文沁，2020）。基于这一现实情况，老年人面临的"数字鸿沟"问题开始受到了学界的重视，相关研究主要聚焦在老年人"数字鸿沟"的成因、表现及应对措施等方面。学者彼得·米尔沃德（Peter Millward）将老年人在互联网应用方面存在的问题称作"银发数字鸿沟"。在此基础上，弗朗西斯卡·科莫内洛（Francesca Comunello）等学者更是指出，移动互联网时代可能存在"移动银发鸿沟"。对于老年人群体而言，接入沟从技术接入层面制约了老年人群体的数字接入，使用沟在数字技能方面影响了老年人群体的触网习惯，知识沟则因老年人信息素养的缺失而危害了老年人群体的数字安全（刘海明、马晓晴，2021）。数字红利中的边缘群体因为技术资源分配偏倚、制度性排斥等正在被数字技术逐步抛弃与遗忘。王茜和托夫（2021）则直接指出，疫情将老年人推离线下舒适区，人们对于技术的依赖使得"数字鸿沟"问题更加突出，尤其是在保持社交距离和采取隔离措施期间。

除了技术上的边缘化，黄钟军、潘路路（2018）通过对中老年表情包的研究，发现年轻一代与年老一代的审美癖好和用户习惯迥然不同，体现出的深层含义是网络世界中青年群体与中老年人群体身份认同的割裂，以及年轻世代在网络话语霸权下对中老年人群体表情包使用的排斥。在这些研究中，老年人群体被视为"数字弱势群体"，面临着"数字鸿沟"和"数字排斥"的风险与挑战。

（二）数字平等与数字分层

"数字鸿沟"出现的原因与代际倾斜、去中心化类似，不同人群之间的差异不仅体现在电子计算机应用方面，还体现在关于一切信息沟通技术（Information and Communication Technologies，ICTs）的普遍使用与推广上（周晓虹，2011）。信息和信息技术已经成为一个新的变量，成为社会分层的重要维度（赵万里、谢榕，2020），重塑着社会阶层化机制（李升，2006）。有关"数字鸿沟"的研究已随着ICTs的进一步发展从最初的接入沟扩展至使用沟、知识沟，随即发展为对具有更深层意义的数字不平等（digital inequality）的探究，其核心内容为ICTs的差异化使用，体现在互联网接入能力、数字化信息技能的掌握与素养差异、知识获取与再生产的不同方式等方面（赵万里、谢榕，2020）。

早在2005年，Cartier等就结合中国特殊的制度背景揭示了介于传统信息拥有者和非拥有者之间的中间层概念，即"信息拥有较少者"（information have-less）。在此基础上，闫慧（2012）根据社会分层的理论与分析方法、社群主义理论以及数字不平等的表现维度，采用包括ICTs的接入和使用、利用和改造数字化信息素质、数字化意识、信息内容的获取等以ICTs为核心的诸多数字化维度的划分标准，将信息化时代的社群及其成员划分为5个层次：数字赤贫、数字贫困、数字中产、数字富裕和数字精英。尽管这个划分标准打破了传统"数字鸿沟"研究中的"信息拥有者"和"信息缺乏者"的两极化划分的界限，做出了多维度的"数字分层"尝试，但是该划分标准仍缺乏令人信服的理论依据，并在流动与更迭迅速的今天稍显过时。因此，新的"数字分层"需要进一步的探索和突破。

（三）数字代沟与数字反哺

"数字鸿沟"也是一种"代际鸿沟"，周裕琼（2014，2015）进一步将其概念化，定义为"数字代沟"，既指古老的代沟与新型的"数字鸿沟"的汇聚，也指代与代之间在新媒体使用上显著且稳定的差距，还可以指在高度数字化时代下，老年人群体与年轻人群体、父母与子女在信息获取和媒介运用上出现的新的"代沟"（谢婉婷等，2019）。实际上，"数字代沟"折射出老年人群体的数字素养与年轻人群体之间存在较大差距，老年人群体在使用互联网的过程中面临着挫折和阻碍。与此同时，学者们关注到与"数字代沟"相对应的"数字反哺"现象，即代与代之间围绕着新媒体的使用展开的互动，主要体现在世代之间存在新媒体技能及相关流行文化和价值观的"数字代沟"时，年轻世代会向年长世代进行反哺（周裕琼，2015），以及由"数字反哺"带来的代际关系（王倩，2017；谢婉婷等，2019）、家庭互动（郑超月、徐晓婕，2019）、家庭结构（周裕琼，2014）的转变。

学者朱秀凌（2015）对福建省漳州市 352 个中学生家庭中的 704 位亲代、子代进行了问卷调查，并对 33 对学生及其家长进行了深度访谈，结果显示，即使在世代之间手机采纳率相当的情况下，设备的使用（第二道数字沟）仍存在巨大代际差异，家庭的权力关系也在亲代向子代寻求数字化帮助（"数字反哺"）的过程中逐渐从单项权威演变为双向权威。但胡嫚潋（2019）的研究发现，老年人在学习使用微信的过程中，来自子女器物反哺的现象普遍存在，文化反哺则相对较少。来自子女的反哺一定程度上体现了新媒体语境下家庭权力与角色的流动与再分配，但并没有从本质上创造新的代际交流模式，仍然是传统代际交流模式在线上的延续。

家庭中的"数字反哺"往往是老年人群体进入数字社会的第一站，家庭中良好的"数字反哺"氛围以及反哺过程的必要沟通所带来的代际关系改善，都有助于促进老年人群体的再社会化，使得老年人群体更具积极主动的反哺意愿和持续的反哺动力（邹漫，2020）。安利利、王兆鑫（2020）通过对亲子两代人在微信（数字媒介）中的互动场景和现象的研究，发现以微信为代表的数字媒介形式的出现，构筑、改变并延伸了亲子权力结构与关系互动过程中的代际鸿沟，塑造出了新型的家庭伦理关系，呈现了文化再哺育的新型数字亲子关系。另外，蒋俏蕾等（2021）的研究指出，越来越多老年人的智能手机采纳、学习和使用已经融入了同辈之间的社会交往中，同辈互动、社交助推逐渐成为老年人媒介生活的新特征。

"数字代沟"与"数字反哺"两个概念的提出，为我们提供了对比和对话的双重视角来研究不同世代的数字化实践（周裕琼，2015），使我们跳出了人口统计的陷阱，不再孤立地研究老年人，而是关注年长世代与年轻世代的互动。总体而言，"数字反哺"成为家庭领域年轻一代帮助年老一代缩小"数字鸿沟"的重要途径之一。此外，应从社交及社会层面，给予老年人更多的数字融入机会和帮助，还要提供帮助弥合老年人"数字鸿沟"的线上支持，这就包括互联网应用市场为老年人提供的适老化改造。

（四）数字融入与数字赋能

前面的研究揭示出老年人作为"数字弱势群体"在数字社会中的边缘处境，如何弥合"数字鸿沟"、实现数字赋能，成为学界和社会的棘手问题，尤其是新冠肺炎疫情以来，学者们的研究中心转移到老年人群体的数字融入与数字赋能上，他们纷纷从心理需求、自我建构和社会关系层面做出了新的学术探索。

1. 微观心理需求

宫晓东（2015）基于老年人的信息科技产品使用过程，对老年人的人机特征做出了述评。他指出，随着年龄的增长，老年人的感知能力（视觉、听觉）、精细运动能力以及认知能力中的流体智力都有不同程度的衰退，但晶体智力（语言能力、知识经验和心智模型）由于来源于后天的学习和经验积累，能够得以保持甚至有所发展，是老年人智力的长处所在。在微观心理层面，武晓立（2020）提出在社交媒体时代老年人具有情感需求、生活消费需求、信息需求、社交需求和娱乐需求，这些需求促使老年人接触、学习并融入与沉浸在网络社会中。赵娜、谭天（2021）从马斯洛需求层次理论出发，分析了老年人在社交媒体中遇到的机遇与挑战，其中老年人的生理需求和安全需求成了老年人数字化融入的阻力，而归属和爱的需求、社交的需求以及尊重和自我实现的需求是老年人数字融入的动力源。

2. 自我建构及自我表达

在短视频场景中，老年人的自我赋权情况得到了改善。短视频凭借兼容性强、复杂性弱、可视性强、可观察性强的创新优势，在老年人群体中具有较高的采用率与明显的扩散趋势（何燚宁，2019）。低门槛、开放式的短视频赋予了老年人群体通过媒介表达自我的话语自主权，老年形象建构从以媒体为主的他者建构转变为以老年人群体为主的自我建构（张梦霞，2021）。徐丽娟（2020）基于抖音短视频的框架分析，探讨了老年人如何通过短视频来进行自我呈现和形象塑造，揭示出老年人数字融入的可能性。汪苏佳指出越来越多的老年人群体一改过去只能看和听的被动接受行为，通过点赞、评论、转发和创作等方式参与到银发传播的信息生产中，一批"老年网红"的崛起，塑造了新的老年媒介形象，包括年轻态的"潮"人形象、知识型的"智"者形象、跨媒体的"名"人形象、接地气的"土"味形象（陈乾，2021），消除了以往媒体建构的老年人群体衰弱、顽固、保守、阻碍新事物发展等刻板印象（高兰英，2015），并进一步消解了网络代际的壁垒。老年人从"数字难民"成为"数字新移民"。

3. 社会关系与社会支持

有学者认为，应从社会关系网络视角出发，探索老年人是否可以通过社交媒体扩大社交网络、获得社会资本，从而提升主观幸福感和生存质量；在"互联网+养老"的国家政策导向下，从国家数字包容度角度出发，研究老年人是否可以通过积极有效地使用社交媒体而跨越"数字鸿沟"，从而公平获取社会资源、共享社会福利（石晋阳、陈刚，2019）。

国外众多研究发现，互联网社交类工具的使用可以帮助老年人维持与已有朋友圈的联系，也可以帮助老年人结交新朋友、扩大社会网络，从而获得更多社会支持（Yu et al., 2016）。一项加拿大的干预研究表明，信息交流工具的确增加了老年人与亲戚朋友的互动与联系（Barbosa et al., 2019; Larissa and Lupton, 2021）。他们通过社交工具的使用增加社交频率、减少孤独感（Blazun et al., 2012; Khosravi et al., 2016; Nowland et al., 2017）、增强幸福感（Szabo et al., 2019）。此外，他们还可以获得更好的财务政策（James et al., 2013），实现赋权以及重新获得对生活的控制（Vroman et al., 2015）。

我国学者贺建平、黄肖肖（2020）采用量化的方式，以社会资本为理论视角和中介变量探讨了老年人微信使用对其主观幸福感的影响，研究发现，微信的实际使用、社群互动关系、联结型社会资本、桥接型社会资本都显著影响老年人的主观幸福感。对于一般老人而言，在关系结构上，社交媒体的确有可能使老年使用者发展出跨越线上和线下的扩大型社交关系。不过在现实情况下，老年使用者往往更愿意集中精力于个人熟识、情感亲密且有意义的关系对象上，进而扩大人际网络（张媛，2019）。但对于离开熟悉场景和关系网络的流动老年人而言，社交媒体的使用的确扩大了他们的人际关系网络。王艳（2019）探讨了移动社交媒体的使用怎样为"老漂族"的社会交往实践及社会关系再嵌入提供了新的可能性。其研究发现，"广场舞"微信群成为"老漂族"在流入地"落脚"、建立新的交往关系的入口，他们在网络社区里获得"亲如姐妹"的温暖情谊。他们因流动而断裂的旧的社会关系也通过微信的"携带"得到了持续的连接和维持，从而获得一种"流动的地方感"。何志武、董红兵（2021）通过对华北村庄的老年人短视频实践进行参与式观察和访谈后发现，老年人将短视频与自身的社会境况、性别分工、生活场景等结合起来，帮助他们实现了线上与线下、自我与地方、私人与公共的勾连，为他们丰富自我生活、接入数字生活等提供了极大的可能性，其结果是他们对于传统生活的更新和重构，背后反映出老年人群体对数字生活的再嵌入。

（五）数字适老化与数字红利

尽管越来越多的老年人融入了数字社会，打开了互联网世界的大门，呈现了使用互联网和社交媒体的潜力，享受到了"数字红利"，但同时他们又陷入了互联网对于老年人的"控制"与"围猎"之中。比如，宋佳伟（2021）发现，短视频将中老年人作为商品，通过强化银发群体的劳动、利用银发群体的情感等途径控制银发群体，导致了银发群体的手机依赖症，以及意识形态控制严重、监控和压榨银发群体价值、增加诈骗案件数量等严重后果。宋佳伟（2021）的研究表明，由于银发群体信息分辨能力的缺失，现实中"幸福感"的弥补和"证实性偏差"的存在，使得他们深受假新闻、虚假信息、不良营销的伤害，陷入"流氓软件"的捆绑、网络诈骗、网购成瘾的困境（魏婕，2021）。针对上述情况，相关平台和网站的适老化改造，要真正从他们的需求出发，设计安全、纯净、有益的产品和功能。

数字适老化除了破除技术障碍之外，非常重要的一点是老年人对技术使用的态度，而人们看待老年人的方式对他们学习和使用技术有很大影响，因而要极力地避免给老年人打上"弱势群体"或者"科技恐惧症"的标签，要改变人们对老年人的固化印象，促使老年人有能力使用技术的社会文化和价值信念形成，进而帮助、鼓励老年人练习和使用网络科技和智能设备。

现实中有许多人由于态度上的障碍，以往在技术方面的负面经验，对网络安全、网络犯罪的担忧，对指令和程序的复杂性的认知以及缺乏积极的学习环境，仍然避免使用网络科技产品和智能设备，选择"数字断连"。以往研究者认为只有当老年人不使用技术而受到社会隔离时，这一议题才成为社会问题，但随着人均预期寿命不断延长和延迟退休政策的实施，老年人口的数字融入变得异常重要。因此，数字适老化在创造条件让老年人群体练习和使用网络科技和智能设备、加深了解的同时，更应当营造一个对老年人群体更为友好的基础设施与适老化环境，尊重老年人群体"断连"的权利，在公共生活中提供多种可能性的选择（方惠、曹璞，2020）。其中最关键的是在适老化过程中，尊重老年人的主体性，通过适老化改造推动老年人更多地参与社会生活，唤起老年人的"我能行"意识，让老年人大胆地说出"让我来"。

二　适老化相关政策分析

为了解决互联网社会老年人对数字生活的适应性问题，2020年11月24日国务院办公厅发布了《关于切实解决老年人使用智能技术困难的实施方案》，聚焦老年人日常生活涉及的出行、就医、消费、文娱、办事等服务场景，解决老年人面临的"数字鸿沟"问题。2021年2月10日，工业和信息化部发布《关于切实解决老年人运用智能技术困难便利老年人使用智能化产品和服务的通知》，"旨在集中力量解决老年人在日常使用智能化产品、享受智能化服务时遇到的困难，持续推动充分兼顾老年人需求的互联网社会建设，切实维护老年人在信息时代的合法权益，让老年人在信息化发展中有更多的获得感、幸福感、安全感"。这些举措出台之后，各大互联网平台和智能设备制造商纷纷按照相关规定和要求，进行了一系列调整和升级，这些调整和升级虽然主要集中在技术层面，但对老年人适应互联网社会的数字生活已经发挥了一些有益的作用。

自中国积极应对老龄化的相关政策提出以来，在新冠肺炎疫情推动大众重新审视适老化问题之前，已经有了一系列的政策措施，大体可以将网络产品和智能设备适老化政策分为三个阶段。

（一）政策1.0阶段

互联网社会到来之后，依靠网络技术和智能设备的"智慧养老"一直是世界各国争相探索的重要领域。中国在这方面起步较晚，工业和信息化部、民政部、国家卫生计生委于2017年联合印发了《智慧健康养老产业发展行动计划（2017—2020年）》，明确提出："智慧健康养老利用物联网、云计算、大数据、智能硬件等新一代信息技术产品，能够实现个人、家庭、社区、机构与健康养老资源的有效对接和优化配置，推动健康养老服务智慧化升级，提升健康养老服务质量效率水平。"为加快智慧健康养老产业发展，培育新产业、新业态、新模式，促进信息消费增长，推动信息技术产业转型升级，还提出了"智能监控养老服务产品供给工程，覆盖健康管理类可穿戴设备、便携式健康监测设备、自助式健康检测设备、智能养老监护设备和家庭服务机器人五大类"。这一时期的政策着眼点是养老服务产业和养老所需的专业设备，而非老年人日常生活和常规性智能产品。2018年，国家卫生健康委员会和国家中医药管理局发出的《关于深入开展"互联网＋医疗健康"便民惠民活动的通知》提出了"加快推进智慧医院建设，运用互联网信息技术，改造优化诊疗流程，贯通诊前、诊中、诊后各环节，改善患者就医体验"和"医疗卫生机构要通过自助机具、手机客户端等多种途径，优化支付流程，改善结算模式。在保障信息安全的前提下，加强与医保、商保、银联、第三方支付机构合作，为患者提供多种在线支付方式。到2020年，二级以上医院普遍提供移动支付等'一站式'结算服务"等具体要求。这些要求敏锐地把握了互联网社会医疗卫生产业和医疗卫生机构的发展方向，且明显借助互联网技术手段提升了医疗卫生机构的数字化和智能化水平，但没有考虑到数字化、智能化的互联网技术手段可能给老年人带来的潜在问题。2019年，国家卫生健康委员会办公厅发布了《"互联网＋护理服务"试点工作方案》，强调线上线下融合，将护理从医疗机构向社区和家庭延伸，侧重点依然是医疗卫生服务的供给侧改善，而不是老年人需求侧的应对。

综上所述，政策1.0阶段具有三个明显的特点。第一，政策具有明显的产业化导向。希望通过养老市场和医疗卫生机构的市场化运作，带动智能产业的发展，并提供相应的数字化和智能化设备。第二，政策所涵盖的范围主要集中在一些专业性和专有性智能设备上，如老年人健康监护和医疗卫生机构的结算等，且基本聚焦在硬件设备上，没有强调软件应用。第三，政策并没有使老年人的主体性作用得以发挥。智能监控养老服务产品并没有将日常生活使用的移动客户端作为设备来考虑，医疗卫生机构的智能化和数字化水平提升没有充分考虑老年人的不便，护理服务向社区和家庭的延伸也忽略了老年人的参与性。

专栏一：智能健康养老服务产品供给工程

健康管理类可穿戴设备。重点发展健康手环、健康腕表、可穿戴监护设备等，对血压、血糖、血氧、心电等生理参数和健康状态信息进行实时、连续监测，实现在线即时管理和预警。

便携式健康监测设备。重点发展用于家庭、家庭医生、社区医疗机构的集成式、分立式智能健康监测应用工具包，便于个人、医护人员和机构在家庭和移动场景中实时监测各项生理指标，并能借助在线管理系统实现远程健康管理等功能。

自助式健康检测设备。重点发展用于社区机构、公共场所的自助式智能健康检测设备，便于用户在不同社区、机构中随时、随地、自助地完成基础健康状态检测，提升用户自我健康管理的能力与水平。

智能养老监护设备。重点发展用于家庭养老及机构养老的智能轮椅、监护床等智能监测、康复、看护设备，开发预防老年痴呆症患者走失的高精度室内外定位终端，实现自主自助的养老功能，提高用户自主养老、自主管理的能力，提升社会和家庭养老资源的使用效率。

家庭服务机器人。重点发展满足个人和家庭家居作业、情感陪护、娱乐休闲、残障辅助、安防监控等需求的智能服务型机器人，提供轻松愉快、舒适便利、健康安全的现代家庭生活，提高老年人生活质量。

（二）政策 2.0 阶段

新冠肺炎疫情发生后，老年人所面临的"数字鸿沟"和"数字排斥"引起了全社会关注，国务院办公厅在 2020 年 11 月 24 日印发了《关于切实解决老年人运用智能技术困难的实施方案》，明确提出"为了适应统筹推进疫情防控和经济社会发展工作要求，聚焦老年人日常生活涉及的高频事项，坚持传统服务与智能创新相结合、普遍适用与分类推进相结合、线上服务与线下渠道相结合、解决突出问题与形成长效机制相结合，做实做细为老年人服务的各项工作，让老年人在信息化发展中有更多获得感、幸福感、安全感"。随后，工业和信息化部印发了《互联网应用适老化及无障碍改造专项行动方案》，决定"自 2021 年 1 月起，在全国范围内组织开展为期一年的互联网应用适老化及无障碍改造专项行动。重点工作包括开展互联网网站与移动互联网应用（App）适老化及无障碍改造、开展适老化及无障碍改造水平评测，使任何人都能平等、方便、安全地获取、交互、使用信息"，提出"针对老年人，推出更多具有大字体、大图标、高对比度文字等功能特点的产品。鼓励更多企业推出界面简单、操作方便的界面模式，实现一键操作、文本输入提示等多种无障碍功能。提升方言识别能力，方便不会普通话的老人使用智能设备"。之后，工业和信息化部发布了《互联网网站适老化通用设计规范》和《移动互联网应用（App）适老化通用设计规范》，对网站和移动客户端应用的适老化改造都提出了细致的要求。而工业和信息化部、民政部、国家卫生健康委员会联合制定的《智慧健康养老产品及服务推广目录（2020 年版）》，沿袭了政策 1.0 阶段的思路，在品类上有了更加精细化的分类和要求。

政策 2.0 阶段的特点是高度重视老年人的生活需求和互联网社会的公平性，核心是为了消除老年人所面临的"数字鸿沟"和"数字排斥"，将老年人平等地纳入互联网社会的日常生活中。具体对策的重点是从硬件产品向操作和使用延伸，如字体、图标、对比度、一键操作、语音识别等。虽然通过软件和 App，可以在软硬件设置中加以解决技术性问题，但这依然不是与老年人相关的生活性和生产性问题。在互联网时代的适老化改造中，老年人更加迫切的网络内容需求和数字生活主体性的照顾需要问题要在政策3.0阶段才能得以解决。

表2-1 老龄化相关政策

时间	发文单位	名称	内容
2021年	工业和信息化部	《互联网网站适老化通用设计规范》	提供适老化服务的网页或独立的适老化网站
	工业和信息化部	《移动互联网应用（App）适老化通用设计规范》	在移动应用中，应可对字形大小进行调整
	中共中央、国务院	《国家综合立体交通网规划纲要》	健全老年人交通运输服务体系
	国家发展改革委办公厅、民政部办公厅、国家卫生健康委办公厅	《关于建立积极应对人口老龄化重点联系城市机制的通知》	鼓励有特点和代表性的区域，探索系统创新
	国家发展改革委等	《加快培育新型消费实施方案》	"互联网+医疗健康"
	交通运输部	《关于做好人民群众就地过年交通运输服务保障工作的通知》	做好老年人便捷出行服务保障
	交通运输部	《关于印发2021年工作要点和更贴近民生实事的通知》	便利老年人打车出行
	交通运输部	《关于服务构建新发展格局的指导意见》	提高老年人无障碍便利出行服务水平
2020年	国家发展改革委等	《关于支持新业态新模式健康发展激活消费市场带动扩大就业的意见》	"互联网+医疗健康"，养老
	国家发展改革委等	《养老服务体系建设中央补助激励支持实施办法（2020年修订版）》	在遴选相关试点项目方面给予倾斜支持
	中共中央办公厅、国务院办公厅	《关于改革完善社会救助制度的意见》	涉及老年人的救助政策
	中共中央、国务院办公厅	《关于深化医疗保障制度改革的意见》	加快建成医疗保障体系
	国务院办公厅	《关于促进养老托育服务健康发展的意见》	就促进养老托育服务提出了四个方面23项举措
	国务院办公厅	《关于切实解决老年人运用智能技术困难的实施方案》	提出了20条老年人日常生活具体举措要求
	国务院办公厅	《关于建立健全养老服务综合监管制度促进养老服务高质量发展的意见》	建立健全养老服务综合监管制度

续表

时间	发文单位	名称	内容
2020 年	工业和信息化部	《互联网应用适老化及无障碍改造专项行动方案》	开展网络适老化及无障碍改造
	工业和信息化部办公厅	《关于开展产业链固链行动 推动产业链协同复工复产的通知》	涉及智慧健康养老
	工业和信息化部、中国残联	《关于推进信息无障碍的指导意见》	着重消除老年人信息障碍
	工业和信息化部等	《智慧健康养老产品及服务推广目录（2020年版）》	为采购养老产品提供参考依据
	交通运输部办公厅	《关于做好交通运输促进消费扩容提质有关工作的通知》	提高老年人无障碍便利出行服务水平
	交通运输部等	《关于切实解决老年人运用智能技术困难便利老年人日常交通出行的通知》	细化交通运输领域便利老年人出行服务的政策措施
	国家市场监督管理总局办公厅	《关于优化服务切实保障老年人商事活动便利化有关工作的通知》	推动信息无障碍设计，适老化智能产品质量监管
	国家市场监督管理总局、国家标准化管理委员会	《养老机构服务安全基本规范》	养老机构基本要求、安全风险评估、服务防护和管理要求
	民政部	《养老机构管理办法》	规范对养老机构的管理
	全国老龄办等	《关于进一步加强老年人优待工作的意见》	为老年人提供经济补贴、优先优惠和便利服务
	国家卫生健康委、国家中医药管理局	《关于开展建设老年友善医疗机构工作的通知》	推动解决老年人在运用智能技术方面遇到的困难，优化老年人就医环境
	民政部等	《关于加快实施老年人居家适老化改造工程的指导意见》	引导有需要的老年人家庭开展居家适老化改造
	国家卫生健康委办公厅	《关于开展老龄健康医养结合远程协同服务试点工作的通知》	建立国家远程医疗与互联网医学中心
2019 年	国家卫生健康委办公厅、国家中医药管理局办公室	《关于加强老年护理服务工作的通知》	增加老年护理服务供给，满足老年人多样化护理服务需求
	国家卫生健康委等	《关于建立完善老年健康服务体系的指导意见》	建立完善符合我国国情的老年人健康服务体系
	国家卫生健康委等	《关于开展老年护理需求评估和规范服务工作的通知》	精准对接老年人特别是失能老年人护理服务需求
	国家卫生健康委办公厅	《"互联网+护理服务"试点工作方案》	确定"互联网+护理服务"试点

续表

时间	发文单位	名称	内容
2019年	国家卫生健康委等	《关于深入推进医养结合发展的若干意见》	优化老年人就医环境
	中共中央、国务院办公厅	《国家积极应对人口老龄化中长期规划》	明确应对人口老龄化的重要意义和目标任务
	国务院办公厅	《关于推进养老服务发展的意见》	养老服务的制度设计和具体安排
	国务院等	《关于实施健康中国行动的意见》《健康中国行动（2019—2030年）》《关于印发健康中国行动组织实施和考核方案的通知》	提出了健康中国建设的目标和任务
	民政部	《关于进一步扩大养老服务供给 促进养老服务消费的实施意见》	提出了6个方面17条具体措施，培育发展养老服务市场
	国家发展改革委等	《进一步优化供给推动消费平稳增长 促进形成强大国内市场的实施方案（2019年）》	涉及满足老龄化需求，加快养老设施建设
	国家发展改革委等	《关于促进"互联网+社会服务"发展的意见》	虚拟养老院，互联网医疗健康
	国家发展改革委等	《关于印发〈促进健康产业高质量发展行动纲要（2019—2022年）〉的通知》	推进健康养老向农村、社区、家庭下沉
	国家发展改革委办公厅等	《关于编报社会服务兜底工程（养老服务领域）2020年中央预算内投资项目计划建议的通知》	加大对提升养老服务质量的改扩建项目支持力度
	国家发展改革委等	《普惠养老城企联动专项行动实施方案（2019年修订版）》	明确重点支持居家社区和医养结合类养老服务发展
	国家发展改革委	《"十三五"社会服务兜底工程实施方案》	养老服务体系建设
	国家发展改革委	《加大力度推动社会领域公共服务补短板强弱项提质量 促进形成强大国内市场的行动方案》	全面放开养老服务市场，提升养老服务质量
	民政部等	《民办养老机构消防安全达标提升工程实施方案》	引导和帮助存量民办养老机构配置消防设施，落实日常消防安全管理要求
	民政部	《养老服务市场失信联合惩戒对象名单管理办法（试行）》	规范养老服务市场秩序，加快养老服务领域信用体系建设
	民政部	《关于进一步扩大养老服务供给 促进养老服务消费的实施意见》	进一步扩大养老服务供给，促进养老服务消费

续表

时间	发文单位	名称	内容
2019年	民政部等	《关于进一步加强特困人员供养服务设施（敬老院）管理有关工作的通知》	解决供养服务机构法人地位缺失、服务质量不高、管理工作亟待加强的问题
	民政部等	《关于实施特困人员供养服务设施（敬老院）改造提升工程的意见》	指导、推动各地实施特困人员供养服务设施（敬老院）改造提升工程
	民政部等	《关于做好2019年养老院服务质量建设专项行动工作的通知》	推进全国养老机构服务质量迈入长效机制建设新阶段
	民政部办公厅	《关于印发社会救助和养老服务领域基层政务公开标准指引的通知》	全面推进社会救助和养老服务领域政务公开
	工业和信息化部等	《关于促进老年用品产业发展的指导意见》	促进老年用品产业发展的15项工作和组织实施的内容
	人力资源和社会保障部、财政部	《关于2019年调整退休人员基本养老金的通知》	高基本养老金水平
	自然资源部	《关于加强规划和用地保障支持养老服务发展的指导意见》	确保养老服务设施规划和用地政策的落地落实
2018年	国务院办公厅	《完善促进消费体制机制实施方案（2018—2020年）》	涉及互联网+医疗健康、养老机制
	国务院办公厅	《关于对真抓实干成效明显地方进一步加大激励支持力度的通知》	涉及激励养老服务业发展
	国务院	《关于建立企业职工基本养老保险基金中央调剂制度的通知》	强化养老保险基金预算管理、推进信息化建设
	中共中央、国务院	《关于完善促进消费体制机制 进一步激发居民消费潜力的若干意见》	涉及健康养老家政消费
	交通运输部办公厅	《关于印发2018年全国公路服务区工作要点的通知》	加强和改善老年人、残疾人出行服务
	交通运输部等	《关于进一步加强和改善老年人残疾人出行服务的实施意见》	加强和改善老年人、残疾人无障碍出行服务
	交通运输部等	《关于组织开展2018年绿色出行宣传月和公交出行宣传周活动有关事项的通知》	鼓励社会各界共同关注老年人、残疾人等无障碍出行
	民政部等	《深度贫困地区特困人员供养服务设施（敬老院）建设改造行动计划》	推进深度贫困地区特困人员供养服务设施建设改造
	民政部办公厅、财政部办公厅	《关于开展第二批居家和社区养老服务改革试点工作绩效考核的通知》	绩效考核

续表

时间	发文单位	名称	内容
2018年	民政部办公厅、财政部办公厅	《关于开展居家和社区养老服务改革试点跟踪评估工作的通知》	绩效评估
	民政部办公厅	《关于进一步做好养老服务领域防范和处置非法集资有关工作的通知》	做好养老服务领域防范和处置非法集资工作
	国家卫生健康委、国家中医药管理局	《关于深入开展"互联网+医疗健康"便民惠民活动的通知》	"互联网+医疗健康"
	中国人民银行	《中国人民银行公告〔2018〕第10号》	明确指出不得拒收现金
	工业和信息化部、国家发展改革委	《扩大和升级信息消费三年行动计划（2018—2020年）》	涉及智能健康养老、个性化健康养老
2017年	工业和信息化部等	《智慧健康养老产业发展行动计划（2017—2020年）》	制定了50项智慧健康养老产品和服务标准

资料来源：1. 国务院官网；2. 工业和信息化部官网；3. 民政部官网；4. 交通运输部官网；5. 中国老龄协会官网；6. 国家卫生健康委员会官网；7. 国家发展改革委员会官网。

第三章

老年人数字生活与数字分层

本章将结合焦点组访谈和问卷调查的数据进行分析，侧重于描绘老年人在互联网社会中的数字生活图景、网络获取信息能力以及信息观念，并探讨老年人数字分层的类型和特点。

一 老年人数字生活

（一）老年人网络生活图景

1. 老年人网络生活丰富多彩

从老年人的焦点组访谈[①]中可以看出，老年人手机上网最经常从事的活动包括微信社交、看新闻、看视频或短视频、看/听书（文章）、玩小游戏、社会活动联络和网上购物。具体而言，第一，绝大部分老年人上网的主要活动是社交，且基本都是使用微信来进行社交，与家人、朋友、同事、战友通过微信群建立联系。不少老年人早上的时候会在微信群内向大家问候，还有部分老年人表示比较喜欢看朋友圈、微信群内大家发的动态，了解一下大家都在做什么。第二，手机上网看新闻资讯已成为不少老年人获取信息的重要途径，他们关注较多的是时事新闻、社会新闻和本地新闻。即使较少使用网络的老年人，也会选择上网看新闻，

---

① 访谈对象具体信息见附录。

感觉更便捷。第三，网上的休闲娱乐活动成了很多老年人生活娱乐的重要组成部分。比如在访谈中我们发现，不少老年人喜欢上网看电视剧、看自己喜欢的乐器表演视频或者看短视频。还有一些老年人平时会上网看小说或听小说。老年人比较偏爱的大多是与其个人的兴趣爱好相关的视频或短视频，或是关于烹饪、养生和生活窍门的视频或短视频，以及趣味性强的视频。除了视听类休闲娱乐之外，还有部分老年人会在网上玩一些小游戏，以消消乐类游戏最为常见。第四，网络，尤其是微信，成为老年人参与社会活动的一大媒介。在访谈中，很多老年人都会积极地参与各种社区活动或志愿者活动，开始渐渐习惯使用微信接收活动通知或组织活动。第五，部分老年人平时还会自己上网购物，其中一小部分老年人开始在网上买菜、叫外卖，并表示自己是在疫情期间才开始做出这些尝试的，感觉到便利后，疫情平稳后也还经常在网上买菜。疫情期间"被卷入"网络生活的老年人，在网络生活中同样能够寻找到自洽的位置，其寻找自洽位置的过程体现了老年人的主体性。

表3-1 老年人手机上网从事的主要活动访谈结果梳理

主要活动	主要内容	案例
微信社交	与家人、朋友聊天，在微信群内或朋友圈问候，朋友圈点赞	"早上一睁眼就是手机，在群里、朋友圈问候。午睡看看身边人有没有新消息。" "爱发朋友圈，发一些心灵鸡汤，正能量，发一些与健康相关的好文章。" "单位有个微信群，问问单位一些事情，同事之间互相交流，慰问，打个招呼。" "我平常就是玩一玩微信，（用它）给孩子打打电话，唠唠嗑，还能视频，这也不要钱，很方便的。" "我玩微信就是玩朋友圈以及和家人、朋友来往……好多群，朋友组织的群多，什么类型的都有。" "现在我外孙子在外国定居了，孙子在美国上大学，每天都得视频、通话。" "用微信发消息，视频就天天都有，天天视频。因为我有两个孙女，天天视频。国内国外的，都视频。"

续表

主要活动	主要内容	案例
看新闻	网上看新闻，了解时事，看看社会新闻	"有的时候一边吃饭一边看，新闻就都知道了。在手机里看到的东西要比在广播里提前知道一些。" "我不太会用（手机），光是接个电话，看个新闻。" "一闲了就想打开看看，现在都不看电视了，不像原来都是看电视，现在有手机了以后，没事就打开，什么新闻、趣事，它的项目多，所以说就看得多。" "打开手机看看新闻什么都看到了。我现在电视也看得很少。" "微信这方面，我可能是把它当成书和报纸多一些，查一些资料，看一些文章，哲学、经济学，什么都感兴趣，都看。"
看视频或短视频	看电视剧，爱好相关视频（如戏曲、舞蹈、健身操、书法绘画等）、短视频（做菜、生活窍门、有趣视频）	"我女儿弄了一个VIP，用它追剧。一边干活一边看，声音开大点儿，手也不闲着。" "社区给我们一个手机架，往那儿一放，不耽误我听，不耽误我唱。我是有个小爱好，在家里吹笛子，做着饭有时候倒不出手来，手机上有个视频链接，有时候听新闻，有时候听笛子独奏，笛子曲。" "看看短视频，疫情的，养生的，做饭的，一些特别新鲜的事。" "我觉得老年人看短视频也有好处，你看人家（其他老年人）又蹦又跳，就想着我也应该这么活。" "我们有手工坊，看到好的（视频），我就发到我们群里，'大家看看，你们喜欢不喜欢，要不要学？'他们说'要的'。要的，我们回去看。大家会的，就不要教；不会的，我们教她们。不是每个人看了就会。"
看/听书	看微信公众号的文章，看电子书，听书	"我喜欢听朗读（文章），还有新华社的早新闻和夜读。" "我就用它（微信）聊天，和好朋友、好同事交流，看到有启发性的东西，觉得这个微信（文章）不错，就转过来。那个人他比我层次又高一点儿，接触人又多一点儿，所以来的东西对我有启发，这一点真是互联网带来的非常好的东西。" "主要是孩子给我下载的（听书软件）。我听着真有劲儿，走路都听，睡觉之前听，听着上瘾。" "（听书）那个可以省眼睛，用耳朵听就行。那里边就好多，有讲书的，分各种模块、各种类型，你可以选择你自己喜欢的，有时候睡不着觉，就听着。"

续表

主要活动	主要内容	案例
玩小游戏	玩消消乐、打麻将、打牌等	"我73岁了，喜欢玩消消乐，儿子带动的……我老妈93岁了，还能打到3000多关，她也天天玩。" "用手机斗一下地主，打一下麻将，平时没有事就做这些。孙子在家做作业，看不成电视，只有在手机上玩一下游戏。" "家务做完了玩一下手机，手机上耍一下游戏，有些时候要出去打一下麻将。都喜欢打麻将。"
社会活动联络	社区活动，志愿服务活动，旅游活动，与爱好相关的活动（如跳舞、唱歌活动）	"这多方便，社区里有事发个微信就都知道了。过去要找个人费劲了，还得上家里敲门去。" "我们社区里有什么活动就大家接龙，所以都会（微信群里接龙）。" "要说一个事的话，像我们志愿者一个群，通知今天值班几点上、几点下，都得把这个事通知明白了，要是写得正儿八经写一阵呢，着急了就用语音，语音方便。" "我现在最主要的一个群是什么呢，社区通知，这是第一关注的。再有就是'××友邻'，为的是我们社区的给点点赞、关注一下又有什么文章和照片。" "还有现在进行社区活动的一些管理，比如利用微信群，利用不同的微信群来组织不同的活动，我觉得这些都是非常方便的。" "我们就是这样上（视频直播课）的，上网课，在群里公布，这样很多志愿者在家里同样能收到。还有一个摄影班也搞了，我们搞了两个……社区提供直播设备，学员300人吧，在网上看。"
网上购物	少部分人会在网上买菜	"其实我现在买东西80%是在网上买的。" "比如说我现在买东西经常用××（网络购物平台），我觉得还挺可靠，到现在为止没出过一次问题。比如说，我买得不合适退掉了，我就查原始记录，我告诉他，就可以能做得到……到商店买东西，有时候不认。这个里边有证据的。" "经常网上买东西，有时候你感觉到便宜，感觉到可以就买，吃的，生活用的都可以。" "原来比较保守，一个是觉得自己年岁大了，而且眼睛也不好。使用最频繁就是疫情开始以后，原来对网购、网上支付、微信支付、支付宝支付，我总是有担心，怕手机要是丢了，钱不安全。现在随着慢慢使用起来以后，尝到好处了，特别方便、特别安全，也快捷，确实是比较幸福了。" "以前基本上我不在手机上买菜，都是现场购物，上超市什么的。去年出不去，就拿手机叫饭。"

续表

主要活动	主要内容	案例
网上购物	少部分人会在网上买菜	"疫情以后像××买菜、××买菜这些都用起来了,以前都不咋个用,现在觉得它能送菜到家门,这个我觉得还是比较方便。"

从访谈中可以看到,与一般想象中的"单调无趣"的网络生活不同,老年人群体所能够操作的网络应用基本上实现了各个种类的全覆盖。如果从老年人个体角度来看,他们的网络使用则是有选择性的,他们会根据自己的情况来选择使用网络,在选择过程中体现了老年人的主体性。

2. 老年人上网的时间投入

在访谈基础上,我们对有上网经历的老年人做了进一步的问卷调查①,了解其每日在网上从事各种活动的时间。结果显示(见表3-2),老年人日常上网所从事的活动,最为普遍的是看新闻资讯,仅有8.39%的受访老年人从未上网看过新闻资讯;而用时相对较多的则是看视频或短视频,10.92%的老年人每日上网看视频或短视频的时间超过3小时。

表 3-2 老年网民上网活动的频率

单位:%

主要活动	从未有过	1小时以内	1~2小时	2~3小时	3小时及以上
上网聊天	17.56	68.83	9.49	1.58	2.53
看新闻资讯	8.39	68.99	14.72	3.32	4.59
看视频或短视频	15.66	46.04	19.78	7.59	10.92
看各种文章	12.66	66.30	14.72	3.16	3.16

3. 不同年龄段老年人上网活动的特点

比较不同年龄段老年人每日上网在各类活动上所花费的时间可以发现,年龄较大的老年人在上网时,更愿意看新闻资讯,而更少去看视频

---

① 调查对象具体信息见附录。

或短视频；如果观看视频的话，可能耗费比别人更多的时间。比如，在 66～69 岁和 70 岁及以上的老年网民里，分别只有 4.05% 和 7.50% 的人不在网上看新闻资讯；而在 70 岁及以上的老年网民里，每日上网看新闻资讯超过 2 小时的比例合计为 10.00%，高于其他年龄段的老年网民。而有 1/4 的 70 岁及以上老年网民在上网的时候不看视频或短视频，这一比例要高于其他年龄段的老年网民，尤其高于 56～59 岁的老年网民。同样有 1/4 的 70 岁及以上老年网民看视频或短视频的时间较长，超过 2 小时。此外，70 岁及以上的老年网民每日聊天超过 2 小时的比例（7.50%）也要高于其他年龄段的老年网民。66～69 岁老年网民每日看各种文章的比例是最高的，只有 6.76% 的人从来不看，同样是 70 岁及以上的老年网民看各种文章的时间更长。

表 3-3 不同年龄段老年网民每日上网聊天情况

单位：%

年龄段	从未有过	1 小时以内	1～2 小时	2～3 小时	3 小时及以上
56～59 岁	17.34	69.04	10.53	1.24	1.86
60～65 岁	16.92	69.74	8.21	2.05	3.08
66～69 岁	20.27	66.22	9.46	1.35	2.70
70 岁及以上	17.50	67.50	7.50	2.50	5.00

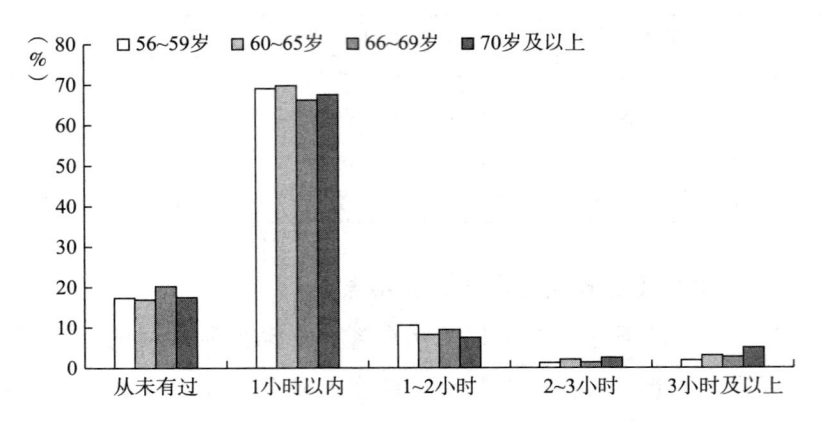

图 3-1 不同年龄段老年网民每日上网聊天情况

表 3-4　不同年龄段老年网民每日看新闻资讯情况

单位：%

年龄段	从未有过	1 小时以内	1~2 小时	2~3 小时	3 小时及以上
56~59 岁	8.98	69.66	12.69	4.02	4.64
60~65 岁	9.23	68.72	15.90	2.05	4.10
66~69 岁	4.05	72.97	14.86	2.70	5.41
70 岁及以上	7.50	57.50	25.00	5.00	5.00

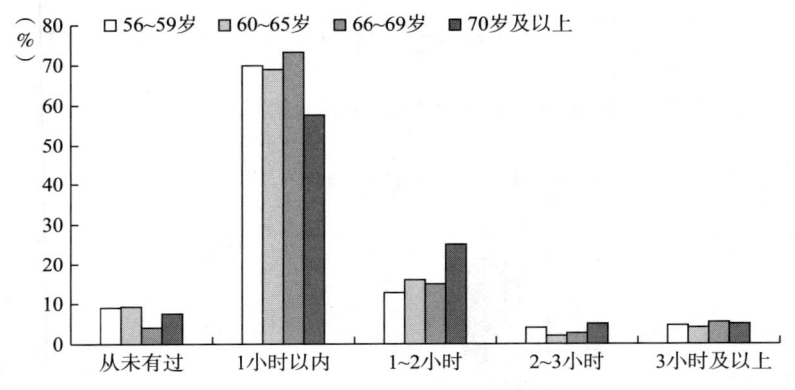

图 3-2　不同年龄段老年网民每日看新闻资讯情况

表 3-5　不同年龄段老年网民每日看视频或短视频情况

单位：%

年龄段	从未有过	1 小时以内	1~2 小时	2~3 小时	3 小时及以上
56~59 岁	13.31	48.92	19.81	8.05	9.91
60~65 岁	16.41	46.15	18.46	8.21	10.77
66~69 岁	18.92	41.89	22.97	5.41	10.81
70 岁及以上	25.00	30.00	20.00	5.00	20.00

表 3-6　不同年龄段老年网民每日看各种文章情况

单位：%

年龄段	从未有过	1 小时以内	1~2 小时	2~3 小时	3 小时及以上
56~59 岁	15.79	64.40	13.93	2.79	3.10
60~65 岁	10.26	68.72	14.36	3.08	3.59
66~69 岁	6.76	71.62	17.57	2.70	1.35
70 岁及以上	10.00	60.00	17.50	7.50	5.00

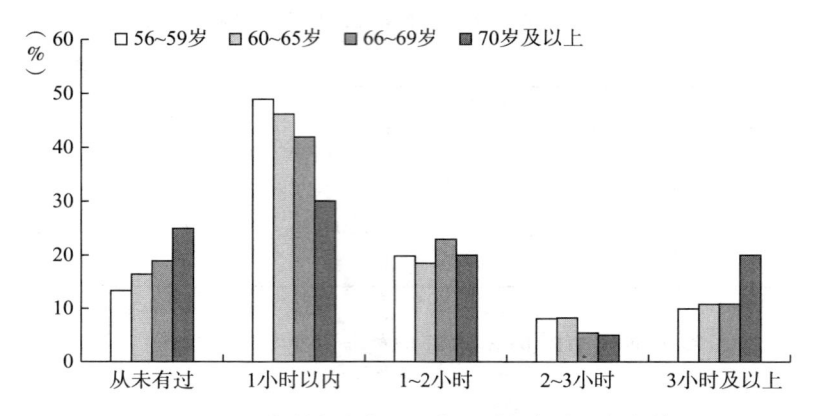

图 3-3 不同年龄段老年网民每日看视频或短视频情况

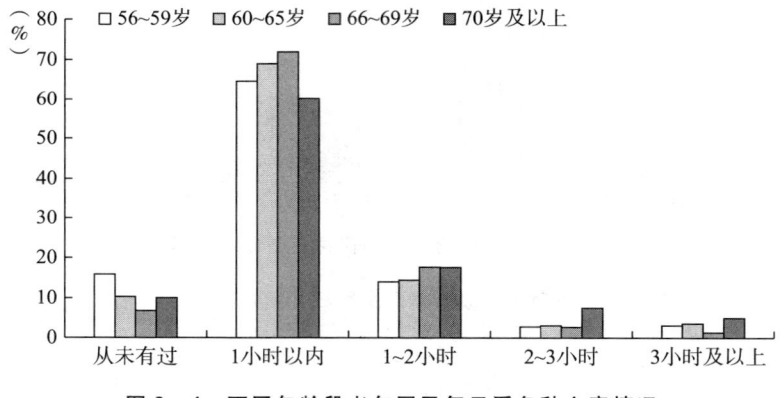

图 3-4 不同年龄段老年网民每日看各种文章情况

（二）老年人的"游戏人生"

1. 以休闲类游戏为主

在焦点组访谈中我们发现，一些老年人很喜欢休闲类游戏，例如玩消消乐，或把打牌、打麻将当作日常消遣，线下或线上时常玩几局。也有的老年人喜欢脑力游戏。在针对老年网民的问卷调查中，23.26%的老年网民会玩手机游戏。在手机游戏中，最受欢迎的是消消乐等消除类游戏，有61.90%的玩手机游戏的老年网民常玩此类游戏；其次比较受欢迎的是斗地主类的牌类游戏，有41.50%的人常玩此类游戏。

尽管在访谈中有不少老年人表示自己有手机游戏沉迷的情况，但子女对父母玩手机游戏的态度是：31.29%的人表示支持，63.95%的人持中立态度，只有4.76%的子女反对父母玩手机游戏。2017年，课题组曾对多个城市的老年人互联网使用情况进行过访谈和问卷调查，当前数据与2017年调查数据相比（支持：17.38%，反对：15.41%，中立：67.21%），子女对老年人玩手机游戏的态度有了比较大的变化。这说明随着越来越多的老年人使用智能手机，之前人们对老年人不适合玩手机游戏的刻板印象开始改变，子女开始接受老年人玩手机游戏这种看似"离经叛道"的行为，而老年人作为网络用户的主体为家庭成员所接受，并获得了更多的认可。

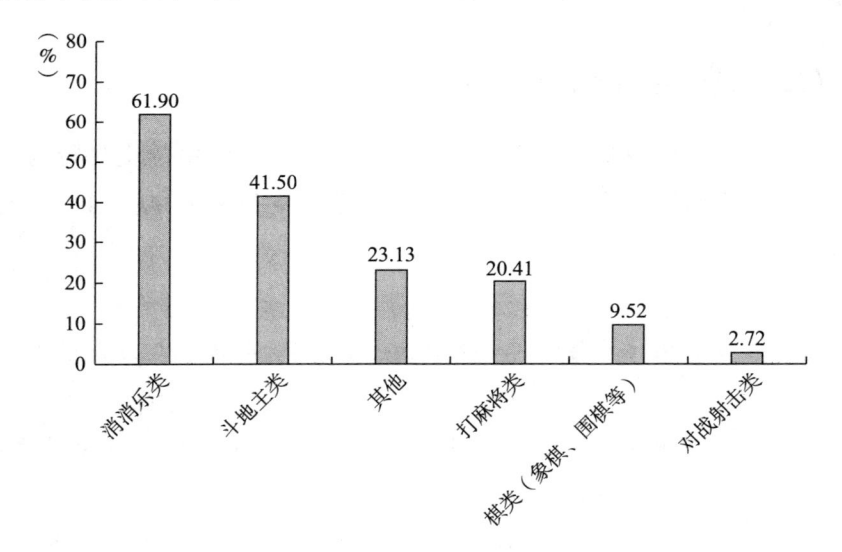

图3-5 老年网民常玩的手机游戏类型

注：此题为多选题，故百分比相加大于100%。

2. 玩手机游戏成为"老人乐"

在焦点组访谈中我们发现，玩手机游戏已经成为"老人乐"，老年人大多表示玩手机游戏是因为喜欢，也有出于放松一下和打发时间的目的而玩手机游戏的。而对玩手机游戏的老年网民的调查分析结果也印证了这一点，74.83%的人都表示"玩游戏很开心，能获得愉悦、忘掉烦恼",40.14%的人表示"我玩游戏是为了打发时间",只有很少的人(4.76%)表示"玩游戏时我会忘记做饭等家务"。

表 3-7　老年网民对玩手机游戏的描述

单位：%

描述内容	赞同百分比
玩游戏很开心，能获得愉悦、忘掉烦恼	74.83
我玩游戏是为了打发时间	40.14
我会给身边的老人推荐游戏	16.33
游戏中的场景让我感觉和真实生活没啥区别	12.93
玩游戏时我会忘记做饭等家务	4.76

注：此题为多选题，故百分比相加大于100%。

（三）超越想象的网络支付

在焦点组访谈中我们发现，不少老年人日常生活中的交易行为，如日常付款、生活缴费等，都已经开始通过手机支付来完成，如一些老年人表示：

> 我最简单，就是微信、支付宝，身上不装钱，出去买东西都是这些。
>
> 我以前做生意用手机时间长了，智能手机刚下来就用智能手机，自从用微信了，我就几乎没带过钱，都是用手机付钱。
>
> 如果没有手机，购物很不方便，就是付款，装着钱可麻烦了。
>
> 手机现在用得很多，几乎有点儿离不开它，出去买菜兜里基本上不装钱。
>
> 交费用手机，这就不用说了，家庭交费全靠它（手机）。

在 2017 年的访谈中，很多老年人对手机支付顾虑很多，只有少部分老年人会使用手机支付。2017 年的问卷调查结果显示，老年网民中有 60.50% 的人不论是支付宝还是微信都未绑定银行卡，而 2021 年的调查结果中这一数据下降到 16.14%。数据的变化说明移动支付规模的扩张并没有因老年人群体而止步，老年用户逐步增多。老年人使用手机支付的场景主要是电商、零售和生活缴费，网络支付的应用已在老年人群体中常态化。

表 3-8　2017 年和 2021 年老年网民手机支付绑定银行卡的情况对比

单位：%

绑定银行卡情况	2017 年	2021 年
绑定借记卡	34.88	71.04
绑定信用卡	7.38	26.85
没有绑定任何银行卡	60.50	16.14

注：此题为多选题，故百分比相加超过 100%。

老年人选择网络支付的比例升高，一方面是因为老年人对手机支付顾虑的减少，另一方面是因为之前专门的手机支付适老化改造发挥了重要作用，比如微信就上线了"亲属卡"功能，子女可在微信上给父母、子女等开通"亲属卡"并代为付款，此举加速了老年人群体在日常生活中使用微信支付以代替原始支付方式，"亲属卡"受到了老年人的广泛青睐，自产品上线起使用的老年人快速增多。从 2020 年开始，受新冠肺炎疫情影响，更多老年人学会了使用第三方支付功能，老年人群体使用微信支付的定基增长率在此阶段呈现持续高增长趋势，两年时间增长了近 20 倍。

从所得到的数据能够清晰地看出，从 2017 年开始，老年人群体微信支付金额的定基增长率基本呈直线增长趋势。以 2017 年第一季度为基准（100%），第四季度增长 351%；2018 年第一季度增长 530%，第四季度增长 769%；2019 年第一季度增长 1211%，第四季度增长 2062%。受疫情影响，老年人外出购物较少，2020 年第一季度增幅有所回落，相对于 2017 年初增长 2001%，尔后受到疫情倒逼机制的影响迅速反弹，第四季度增长 4298%。2021 年第二季度增长 5227%。

经统计，2018 年至今老年人群体使用微信支付的场景主要集中于日常生活，其次为电商平台和餐饮领域，医疗领域也成为主要的支付场景之一。首先，在线下零售、生活缴费等生活刚需领域使用微信支付较为频繁。其次，在电商平台盛行的当下，部分老年人群体紧跟时代步伐，在电商平台使用微信支付居多。此外，老年人群体在餐饮领域使用微信支付的频率也逐渐增加。由于老年人自身的身体特点，他们需要比其他人群更为频繁地看病就医，因此，医疗领域成为主要的支付场景。总的来说，微信支付已经成为目前老年人群体最喜爱的第三方支付平台之一，这对于提升老年人与社会中其他群体的沟通交流效率、丰富老年人群体的娱乐生活方式、防止老年人群体与社会脱节发挥了至关重要的作用。

在之前研究者的研判中，老年人使用手机支付不仅有操作上的困难，而且有上当受骗的风险。老年人普遍存在支付恐惧的心理，子女对老年人使用手机支付也多持不支持的态度，但在适老化改造之后，手机支付技术条件的改善为老年人使用手机支付奠定了基础，疫情不仅推动了老年人使用手机支付的普及，而且改变了老年人自我认知和子女对老年人的认知。最重要的是，手机支付本身的操作门槛并没有降低，其背后值得反思的是，老年人不能够使用手机支付，或者老年人使用手机支付容易上当受骗是一种外部社会构建出的"假象"，老年人由于缺乏互联网社会的生活经验，缺少网络知识和技能，他们认同了外部社会构建出来的"假象"，并在行为上表现得更符合外界社会为他们塑造的形象。可是，一旦外部社会条件改变，他们被迫自我打破"假象"的束缚时，将获得带有崭新生活方式的自我认知。

（四）爱动不爱静的老年人

总体上看，老年人参与的社交活动主要以休闲和娱乐为主，其次是参与社区组织的活动，较少参加读书写作等较为静态的活动。

在娱乐活动中，老年人参与比例最高的为广场舞等舞蹈，有超过六成的老年人经常参加，相比之下只有 5.38% 的老年人从未参加过。运动健身也是较多老年人（41.61%）参加的活动，借助社区的公共运动健身设施，老人们不仅可以运动身体，也可以跟同辈的老年人交流沟通。另外，也有将近两成的老年人选择去组团旅游，在游玩中进行社交。娱乐活动中老年人参与较少的是唱歌，经常参加的比例不足10%。

在社区组织的活动中，老年人参与较多的是上老年大学（11.23%），其次为社区活动，包括社区组织的培训、上课等，经常参加的比例有9.49%。老年人也是志愿服务的主力，有7.59%的老年人经常参加志愿服务。相比之下，老年人较少参与相对静态的活动，如读书写作和书法绘画，经常参加的比例分别只有2.85%和1.42%。

（五）偏向于即时联络社交

老年人在退休后，普遍与社会出现了"脱嵌"，存在一定的"数字融入"困难。老年人适应数字生活的速度与互联网进入老年人生活的速度之间存在差距（杜鹏、韩文婷，2021）。因而参加各类社交活动是老年人社会参与的主要形式。总体来讲，老年人的社交倾向于即时联络，即通过此方式可以立即得到回应。因此，微信、电话和面对面的交流是最重要的三种方式。

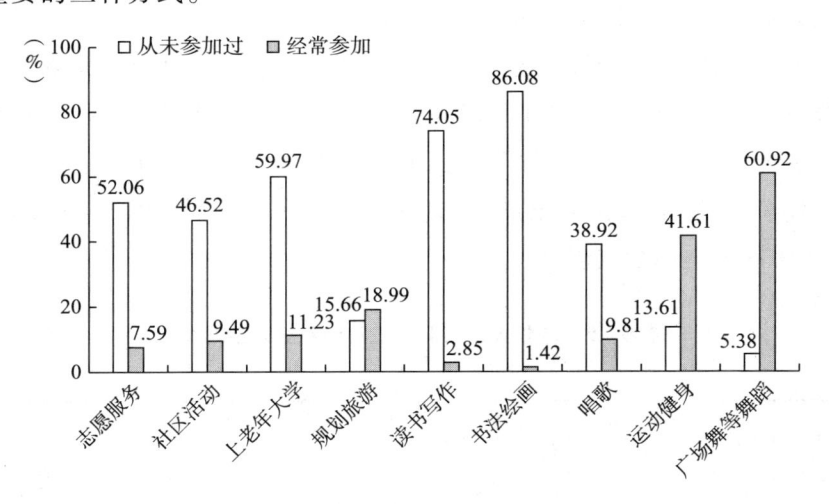

图 3-6　老年人娱乐活动参与情况

首先,微信作为国民级应用软件,覆盖了几乎所有人群。聚焦到老年人使用的联络工具类型,我们发现被访老年人最常用的社交软件是微信。这与已有研究结果一致(周裕琼、林枫,2018)。微信是老年人群体最常使用的通信工具,除了进行即时通信外,微信也是老年人选择的进行社交互动和情感表达的工具,最直接的体现就是老年人对微信表情、小视频以及朋友圈功能的广泛使用。对于被访老年人来说,微信的用途十分广泛,在组织广场舞等舞蹈、运动健身、唱歌、书法绘画、读书写作、规划旅游、上老年大学、社区活动和志愿服务等活动时,微信的使用人数均占到总人数的85%左右。其中,使用微信规划旅游的被访老年人人数最多,占总人数的86.12%。

其次,电话也是被访老年人常用的工具,用电话组织广场舞等舞蹈、运动健身、唱歌、书法绘画、读书写作等活动的人数占比在40%~50%。同时,用电话进行组织规划旅游、上老年大学、社区活动和志愿服务等活动的人数占比超过了50%。其中,使用电话组织志愿服务活动的被访老年人人数最多,占总人数的57.43%。使用短信组织娱乐活动的比例均在15%~25%,也占有较大的比例。

最后,由于部分老年人倾向于线下沟通,仍有25%~40%的被访老年人会通过面对面来组织相关娱乐活动。

值得一提的是,还有一些兴趣类的网络平台,也成为不少老年人参与线下社会活动时的组织和联络媒介,比如糖豆这种以广场舞和运动健康为主要内容的App,吸引了很多中老年人使用。在此次调查中,在组织广场舞等舞蹈和运动健身活动的老年网民中,分别有49.00%和38.28%的人会用到兴趣类网络平台。

表3-9 老年人使用联络工具组织娱乐活动情况

单位:%

联络工具类型	广场舞等舞蹈	运动健身	唱歌	书法绘画	读书写作	规划旅游	上老年大学	社区活动	志愿服务
微信	85.12	83.70	82.90	84.09	84.15	86.12	83.40	84.62	85.81

续表

联络工具类型	广场舞等舞蹈	运动健身	唱歌	书法绘画	读书写作	规划旅游	上老年大学	社区活动	志愿服务
兴趣类网络平台（如糖豆 App）	49.00	38.28	19.95	27.27	26.83	13.70	13.04	17.16	12.87
QQ	12.37	10.99	8.55	11.36	15.85	8.07	6.32	8.28	6.93
电话	42.81	43.41	44.30	43.18	45.12	54.22	52.57	54.14	57.43
短信	17.73	19.41	15.28	19.32	25.61	18.57	13.44	16.57	15.51
面对面	35.45	32.78	34.20	29.55	26.83	36.02	40.71	38.17	33.66
其他	13.88	16.12	21.76	26.14	26.22	21.76	20.55	16.27	19.14

从上述结果来看，互联网在老年人现实的社会活动中越来越普遍地成为组织与参与活动的重要工具，并且其产品在不断精细化。比如，除了常见的微信这一联络工具之外，一些互联网平台，如糖豆 App 也开始关注老年人，针对其兴趣进行运作，成为老年社会参与的重要工具。

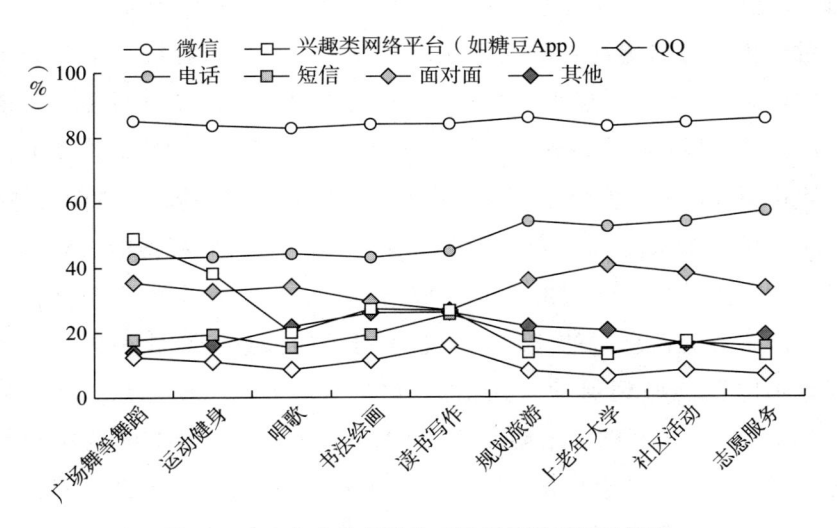

图 3-7 老年人使用联络工具组织娱乐活动情况

二 老年人的信息能力

（一）有着较强的信息创造能力

参考以往研究（高文珺等，2019），本研究将信息能力界定为老年人在互联网社会中的信息素养和数字技能，包括处理、判断、分析和管理各种信息的能力，以及在生活中运用各种信息化应用的数字技能。具体而言，从信息处理、判断、分析和管理方面来看，信息能力包括：（1）信息获得能力，即寻找信息的能力；（2）信息安全能力，即对网络信息的安全性进行判断和处理；（3）信息甄别能力，即辨别信息真伪的能力；（4）信息管理能力，即管理、保存信息的能力。从运用信息化应用的数字技能方面来看，信息能力还包括：（1）信息娱乐能力，即利用互联网进行娱乐的能力；（2）信息交易能力，即利用互联网完成购物等交易活动的能力；（3）信息生活能力，即利用互联网满足生活中各种复杂需要的能力；（4）信息创造能力，即进行数字内容创造的能力。

对老年网民的调查数据进行分析，将所有测量内容统一为0和1的形式：1表示具备这一能力，0表示没有这方面能力。统计具备某种能力的人数比例，同时计算每种能力的平均分值，以某一能力维度内所有测量题目的总均分作为维度得分，分值范围为0到1，分数越高代表能力越强。

从分析结果来看（见表3-10），老年网民的信息获得能力较强，八成以上的人能够找到最近的新闻（83.39%），九成以上的人能够在网上找到自己需要的信息（90.82%）。老年网民的信息安全能力尚可，绝大多数老年网民能做到保护个人信息（85.92%）、不浏览不安全的网站（81.96%）、不把手机交给陌生人（84.49%），七成以上的老年网民不轻易点开文章中或消息中的链接（72.31%），六成以上的老年网民手机上安装了防病毒工具（61.87%）。老年网民的信息管理能力有限，能删除信息但不清楚如何转移信息，大部分老年网民可以安装和卸载一些App、删除照片和清理垃圾，但是只有四成多的老年网民会把手机内的照片存入其他存储设备之中。老年网民的信息甄别能力相对较弱，八成以上的老年网民表示自己能辨别网上流传信息的真假，但并不是都会利用工具核实，只有62.34%的老年网民会利用网站和手机App去核实信息真假。有48.58%的老年网民认为互联网上的信息基本都是科学的、可信的。

在运用信息化应用的数字技能方面，老年网民的信息娱乐能力比较强，超过九成的老年网民会用手机看视频，超过八成的老年网民会上网看小说和文章。还有一些老年网民会使用一些他们感兴趣的娱乐应用软件，比如前述的糖豆App，或是K歌软件等。同时，对于信息创造来说，老年网民在这方面也展现了较强的能力，他们会使用表情包（94.62%）、拍摄或发送微信小视频（93.35%）、用手机制作相册（83.86%）以及在短视频平台制作短视频（70.57%），很多老年网民日常生活中的小乐趣正是一种数字信息的创造和传播活动。如前所述，访谈和调查结果都显示老年网民在生活交易上的信息化程度有所提升，信息交易能力增强。大多数老年网民会网上购物、在网上完成生活缴费，还有超过七成的老年网民会用网上银行转账，但网上理财的人数比例较低。从访谈结果来看，数字技能的提升一方面是因为时代的发展，另一方面是因为受新冠肺炎疫情影响。同时，我们还应该知道，老年网民的信息生活能力比较弱，只有七成多的老年网民会使用手机导航，六成多的老年网民会订外卖和网上挂号，五成多的老年网民会网上订票或宾馆、会用手机软件打车。在面对相对更复杂一些的生活需要时，如远距离出行、就医、打车等，很多老年网民还不能充分利用互联网资源来满足。

表3-10 老年网民信息能力的基本情况

单位：%，分

信息能力维度	内容	具备此能力比例	维度得分
信息获得能力	我知道在哪里能够看到最新的新闻	83.39	0.87
	我可以找到自己需要的信息	90.82	

续表

信息能力维度	内容	具备此能力比例	维度得分
信息安全能力	我从不浏览不安全的网站	81.96	0.77
	遇到不会的操作，我会将手机交给陌生人*	15.51	
	我在手机上安装了防病毒工具	61.87	
	我不轻易点微信文章中或消息中的链接	72.31	
	我用网时会特别注意保护个人信息（如电话、地址、姓名等）	85.92	
信息甄别能力	对流传的信息我能够辨别真假	81.49	0.65
	我认为互联网上的信息基本都是科学的、可信的*	48.58	
	我会利用网站、手机 App 等工具核实信息真假	62.34	
信息管理能力	安装、卸载手机应用（App）	89.24	0.74
	手机内存空间不足时，卸载一些不用的应用（手机 App）	84.02	
	手机内存空间不足时，删掉一些照片	76.90	
	用一些清理软件对手机垃圾进行清理	74.21	
	将手机中占用内存的照片导入电脑或硬盘	46.52	
信息娱乐能力	网上看文章、看小说	88.45	0.81
	使用娱乐应用软件，如糖豆 App、K 歌软件	86.39	
	使用手机收听节目，如有声书、在线音频等	56.65	
	用手机看视频（如追剧、看综艺）	93.35	
信息交易能力	微信、支付宝收红包或者发红包	97.63	0.79
	网上交生活费用（如水、电、煤气费等）	83.39	
	网上购物	94.15	
	网上银行（银行 App）转账	77.85	
	网上理财	43.20	
信息生活能力	订外卖（餐食、药物、买菜等）	67.09	0.64
	网上订火车票或者机票、宾馆	58.23	
	用手机软件打车	58.23	
	手机导航	75.00	
	网上挂号（求医问诊）	63.77	
信息创造能力	使用表情包	94.62	0.80
	微信里拍摄或者发小视频	93.35	

续表

信息能力维度	内容	具备此能力比例	维度得分
信息创造能力	手机上制作相册	83.86	0.80
	修图，制作图形（PS照片）	55.22	
	在短视频平台制作短视频	70.57	
信息能力总分			0.76

注：标注*的题目为反向计分题目，在计算维度得分的时候，反向计分，下同。

（二）信息能力的提升幅度惊人

在课题组 2017 年的调查中，也对老年人的信息能力（不含信息管理能力）进行了分析。对比 2017 年和 2021 年的数据可以发现（见表 3-11），老年人的信息能力全面提升，特别是在信息娱乐能力、信息交易能力、信息生活能力和信息创造能力方面提升幅度较大。在信息娱乐能力方面，使用娱乐应用软件的人数比例从 16.38% 提升到了 86.39%，这可能是因为近年来一些以老年人为主要对象的互联网应用开始兴起，如广场舞垂直视频平台糖豆 App，因为其聚焦老年人对广场舞和运动健身的兴趣，所以在访谈和调查中，有很多老年人会使用这一 App。此外，使用手机收听节目和看视频的人数比例也都提高了很多。在信息交易能力方面，2017 年网上交生活费用的老年人比例为 22.13%，2021 年提升至 83.39%；网上购物人数比例从 32.63% 提升至 94.15%。在信息生活能力方面，老年人的信息生活能力大幅度提高，比如会网上挂号的人数比例从 2017 年的 12.13% 提升至 63.77%，使用手机导航的人数比例从 33.13% 提升至 75.00%。在信息创造能力方面，提升幅度最大的是老年人在手机上制作相册的能力，从 2017 年的 25.00% 提升至 83.86%。信息能力总分从 0.50 分提升至 0.78 分。

表 3-11　2017 年与 2021 年老年人信息能力对比情况

单位：%，分

信息能力维度	内容	2017 年人数比例	2021 年人数比例	2017 年维度得分	2021 年维度得分
信息获得能力	我知道在哪里能够看到最新的新闻	76.63	83.39	0.75	0.87
	我可以找到自己需要的信息	73.75	90.82		
信息安全能力	我从不浏览不安全的网站	75.63	81.96	0.68	0.77
	遇到不会的操作，我会将手机交给陌生人*	30.88	15.51		
	我在手机上安装了防病毒工具	55.75	61.87		
	我不轻易点微信文章中或消息中的链接	74.50	72.31		
	我用网时会特别注意保护个人信息（如电话、地址、姓名等）	64.88	85.92		
信息甄别能力	对流传的信息我能够辨别真假	60.12	81.49	0.48	0.65
	我认为互联网上的信息基本都是科学的、可信的*	51.00	48.58		
	我会利用网站、手机程序 App 等工具核实信息真假	33.63	62.34		
信息娱乐能力	使用娱乐应用软件，如广场舞软件、K 歌软件	16.38	86.39	0.32	0.79
	使用手机收听节目，如有声书、在线音频等	19.00	56.65		
	用手机看视频（如追剧、看综艺）	59.25	93.35		
信息交易能力	微信、支付宝收红包或者发红包	83.00	97.63	0.46	0.92
	网上交生活费用（如水、电、煤气费等）	22.13	83.39		
	网上购物	32.63	94.15		
信息生活能力	网上订火车票或者机票、宾馆	15.38	58.23	0.22	0.66
	用手机软件打车	25.75	58.23		
	手机导航	33.13	75.00		
	网上挂号（求医问诊）	12.13	63.77		
信息创造能力	使用表情包	81.75	94.62	0.59	0.91
	微信里拍摄或者发小视频	68.88	93.35		
	手机上制作相册	25.00	83.86		
信息能力总分				0.50	0.78

注：2021 年每个信息能力维度所包含的内容更丰富，为了做对比，以 2017 年所包含的内容为主，故 2021 年的维度有的会与表 3-9 所列不同。

三 老年人的信息观

(一) 老年人全方位信心爆棚

在焦点组访谈中,我们看到了老年人对互联网社会发展、对互联网社会的融入程度以及对自己在互联网社会中如何自洽等的态度,他们都有自己的一套观念体系。本研究将老年人对互联网社会发展的观念和态度以及其对自己融入互联网社会的信心称为老年人的信息观。信息观可以分为四个方面:一是互联网积极观,即关于互联网对生活有着积极影响的观念;二是互联网消极观,是关于互联网对生活有着消极影响的观念;三是数字融入必要性,即关于学习网络、融入互联网社会有无必要性的观念;四是数字融入信心,是对学会使用网络应用、融入互联网社会的信心,即一种自我效能感知。在问卷调查中,我们对这四个方面都进行了测量,采用6点计分方式,1为完全不同意,6为完全同意,将每个维度的信息观题目的总均分作为该信息观得分,得分范围在1~6分,分数越高,分别表示互联网观越积极、越认为数字融入有必要、对自己数字融入能力的信心越强。同时,为了便于直观呈现结果,将选择1完全不同意、2比较不同意、3不太同意的都计为0,表示不同意;将选择4有点同意、5比较同意和6完全同意的都记为1,表示同意。统计同意的人数,计算持有这一观点的人数比例。

结果显示(见表3-12),老年网民对互联网整体上持有积极态度,6点量表的中间值为3.5,关于互联网对生活有着积极影响的观念,学习网络、融入互联网社会有无必要性的观念,以及对学会使用网络应用、融入互联网社会的信心,得分均超过5分,表明绝大多数老年网民都认为互联网对生活有积极的影响,如联络便利(96.36%)、让生活变得更有趣(97.47%)、能从互联网的使用过程中获得自信(96.20%)、让自己跟上了时代(97.63%)。有93.67%的老年网民表示自己在生活中离不开互联网了。同时,老年网民大多认为老年人学习使用互联网是必要的,较少有人觉得伴侣(8.07%)会使用就可以了,或是可以让子女代为操作（7.91%），自己就不用学了。相反，96.04%的老年网民表示老年人学习各种网络操作很有必要。从数字融入角度来说，老年网民在这一方面的能力是比较强的，即他们对能够更好地学会使用网络应用的信心比较强，93.35%的人表示只要需要，自己就可以学会使用。八成多的老年网民表示了解各种手机软件的功能，对手机上网操作较为得心应手，且只要有人教，自己就能学会手机上网的各种操作；只有9.97%的老年网民认为互联网属于年轻人，老年人玩不好。

而在互联网对生活的消极影响方面，平均得分为2.84分，表明老年网民对此观点并不赞成，只有10.92%的老年网民表示怀念以前不用智能手机的生活，23.58%的老年网民认为不用智能手机的时候烦恼更少。但有64.40%的老年网民指出上网耗费时间和精力，相对来说这也是较多人所认可的互联网对生活的消极影响。

表3-12 老年网民的信息观

单位：%，分

信息观维度	内容	同意人数比例	维度得分
互联网积极观	手机上网让人与人之间联络更方便	96.36	5.52
	学会手机上网让我的生活变得更有趣了	97.47	
	学会手机上网后，我的娱乐生活更丰富了	97.15	
	通过使用互联网，我对自己更有自信了	96.20	
	互联网让我跟上了时代	97.63	
	我感觉在生活中离不开互联网了	93.67	
互联网消极观	我还是怀念以前不用智能手机的生活	10.92	2.84
	不用智能手机的时候烦恼更少	23.58	
	使用互联网耗费太多时间和精力	64.40	
数字融入必要性	老伴会用手机上网就行了，我就不用多学了*	8.07	
	平时家里需要上网的事都是孩子来做，我也就不用学网络使用了*	7.91	
	活到老学到老，手机上的各种网络操作还是很有必要学习的	96.04	

续表

信息观维度	内容	同意人数比例	维度得分
数字融入必要性	老年人寻找帮助很容易,所以不学手机上网也没什么问题*	9.34	5.33
数字融入信心	只要需要,我就可以学会使用智能手机上网(App 或网络应用)	93.35	5.08
	互联网是年轻人的事情,老年人肯定玩不好*	9.97	
	总的来说,我就能理解各种手机软件的功能	85.76	
	我对手机上网的操作比较得心应手	86.23	
	只要有人教我,我就能学会手机上网的各种操作	89.87	

注:标注 * 的题目为反向计分题目,在计算维度得分的时候,反向计分。

(二)数字融入信心关键逆转

在 2017 年的调查中,也涉及了对老年人信息观的分析,对 2017 年和 2021 年的数据进行对比分析可以发现(见表 3-13),老年人对互联网的观念更趋于积极,认为有必要学习互联网应用、融入互联网社会,对自己融入互联网社会的信心增强。具体而言,在互联网积极观方面,持有积极

表 3-13　2017 年与 2021 年老年人信息观对比情况

单位:%

信息观维度	内容	2017 年人数比例	2021 年人数比例
互联网积极观	手机上网让人与人之间联络更方便	82.25	96.36
	互联网让我跟上了时代	75.50	97.63
	我感觉生活中离不开互联网了	57.50	93.67
互联网消极观	使用互联网耗费太多时间和精力	64.88	64.40
数字融入必要性	活到老学到老,手机上的各种网络操作还是很有必要学习的	44.25	96.04
数字融入信心	互联网是年轻人的事情,老年人肯定玩不好	45.25	9.97
	只要有人教我,我就能学会手机上网的各种操作	66.50	89.87

注:由于 2017 年信息观所包括的内容没有 2021 年全面,个别内容仅有一个,故未比较维度得分,只比较人数比例变化。

观念的人占比提高，特别是感觉生活中离不开互联网的老年人比例从2017年的57.50%提高至93.67%。在对互联网的消极认知上几乎没有变化，都是六成多的老年人认为使用互联网耗费太多时间和精力。在数字融入必要性方面，认为有必要学习手机各种操作的老年人从44.25%提升至96.04%。在数字融入信心方面，认为老年人玩不好互联网的人数比例从45.25%降至9.97%，认为自己能学会上网的各种操作的人数比例从66.50%提升至89.87%。

四　老年人的数字分层

（一）老年人数字分层的类型

有研究者从"数字鸿沟"视角出发，提出中国存在数字化社会分层现象，并根据数字资源掌握程度来进行分层（闫慧，2013）。本研究使用数字分层的概念来区分在数字化社会中信息融入情况不同的老年人。我们提出可以从信息能力和数字融入态度两个维度出发来分析老年人的数字分层情况，信息能力代表客观层面不同老年人在数字社会利用信息的能力差异，数字融入态度代表主观层面老年人对于数字融入是否具有必要性的感知。本研究认为主客观两个层面相互作用，在很大程度上可以决定老年人在互联网社会对数字资源的使用行为。为探索这两个维度是否能自然划分出老年人的数字融入类型，我们使用问卷调查的数据，以前述信息能力总分和信息观中的数字融入必要性两个变量为聚类依据进行 Q 型聚类分析。为了探究信息能力 - 数字融入必要性这一双维度模型是否能区分出老年人的数字融入类型，我们对聚类使用的变量均进行了标准化处理，使用离差平方和法（Ward's method）进行距离计算。根据谱系图（dendrogram）的结果，依照信息能力和数字融入必要性的关系，自然涌现出四个类型的信息能力 - 数字融入必要性双维度模型，每个类型的老年人在两个维度上的特点见表 3 - 14 和图 3 - 8。

在前面的分析中，老年网民信息能力总分为 0.78 分，数字融入必要性得分为 5.33 分。虽然本研究是以上网的老年人为对象进行的调查，但模型具有一定普适性。不上网的老年人可以被理解为其信息能力弱，也可以归入本研究的模型中，因此后续的模型分析适用于老年人整体。从聚类分析得出的老年人的不同类型来看，第一类老年人的信息能力较强，数字融入必要性感知较弱。这里我们将其称为被动拥抱型的数字分层类型，意指这些老年人被动地融入了互联网社会。这些老年人具备较强的信息能力，能利用互联网资源，但是主观上，他们并不强烈地认为老年人有必要去学习使用网络应用。这类老年人的信息卷入是一种非主观驱动的被动类型，虽然有相关能力，并会在实践中去运用，但他们并不认为非常有必要。在此次调查中，这种类型的老年人占到 17.72%。

第二类老年人信息能力弱，数字融入必要性感知弱，我们称之为主动远离型，是指老年人主动远离数字生活。这些老年人对数字资源的利用有限，通过手机上网能独立完成的操作较少，而他们在认知上，又认为没有必要自己掌握网络技能，家人会就可以了。因此，在互联网社会中，这些老年人并不看重自己是否能利用数字资源，主动选择不去融入信息化的生活之中。在此次调查中，这种类型的老年人比例相对较少，占 10.60%。

第三类老年人信息能力弱，数字融入必要性感知很强，我们称之为被动远离型，是指老年人因能力所限，不得不远离数字生活。这些老年人会的网络相关操作比较少，不能很好地利用各种数字资源；同时，他们又认为老年人学会独立使用各种网络应用、利用各种数字资源是十分必要的。虽然他们的数字生活范围有限，可能呈现一种远离信息化生活的状态，但他们在主观上是希望能够融入的，并认为融入十分必要。因此他们是因信息能力所限，而呈现被动少用数字产品、远离数字生活的状态。在此次调查中，这种类型的老年人占到 21.99%。

第四类老年人信息能力强，数字融入必要性感知也强，我们称之为主动拥抱型，是指老年人主动融入数字生活。这些老年人信息能力强，能利用的数字资源较多；同时，他们认为老年人学会独立利用数字资源十分必要。因此他们主动学习，增强自己的信息能力，主动融入现在的互联网生活。在此次调查中，这种类型的老年人占比接近一半（49.68%）。

表 3-14 老年人基于信息能力-数字融入必要性的数字分层类型

单位：%

数字分层类型	占比	信息能力均值	数字融入必要性均值
被动拥抱型	17.72	0.82	4.55
主动远离型	10.60	0.56	3.65
被动远离型	21.99	0.61	5.49
主动拥抱型	49.68	0.85	5.89

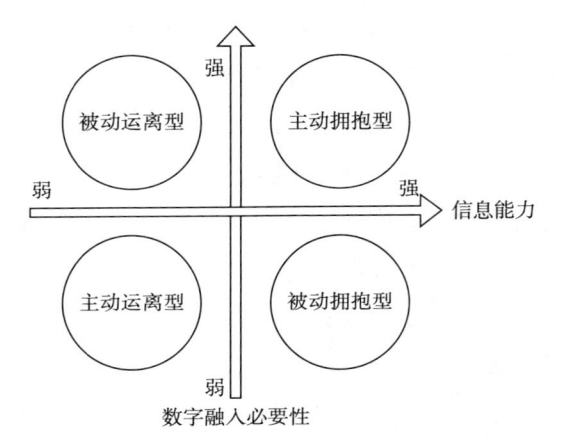

图 3-8 老年人数字分层类型

（二）老年人数字分层的特点

1. 学历越高越积极拥抱互联网

对数字分层类型不同的老年人的受教育程度进行比较发现（见表 3-15），主动拥抱型的老年人受教育程度较高，73.61% 的本科及以上和 67.88% 的大专学历的受访老年网民都主动拥抱互联网社会。而主动远离和被动远离互联网社会的受访老年网民的受教育程度普遍偏低，受教育程度为小学的老年网民中 28.00% 的人属于信息能力强但对数字融入持消极态度的主动远离型，28.00% 的人是数字融入积极但是信息能力较弱的被动远离型。而在受教育程度为初中的老年网民中，20.00% 的人属于主动远离型，34.29%的人属于被动远离型。此外，在被动远离型老年网民中，有一定比例的人是受教育程度较高的老年人，不过其信息能力并不强，但数字融入态度积极；而在被动拥抱型的老年网民中，有一定比例的人是受教育程度较低的老年人，而其信息能力比较强，但数字融入态度消极。这一结果再次表明，信息能力与受教育程度并没有必然的对应关系，数字融入态度也与信息能力并不相关。

表3-15 数字分层类型不同的老年网民的受教育程度

单位：%

数字分层类型	小学及以下	初中	高中/中专/职高	大专	本科及以上
被动拥抱型	20.00	20.71	18.60	15.33	12.50
主动远离型	28.00	20.00	8.53	5.84	2.78
被动远离型	28.00	34.29	23.64	10.95	11.11
主动拥抱型	24.00	25.00	49.22	67.88	73.61

2. 生活水平低使老年人加快逃离互联网

调查发现，数字分层类型不同的老年网民，其生活水平有各自的特点（见表3-16）。主动拥抱型的老年网民家庭条件相对更好，生活水平在当地处于中上层和上层的老年网民中，分别有67.68%和60.00%的人属于信息能力强、数字融入态度积极的主动拥抱型的数字分层类型；而生活水平处于下层的老年网民中，则只有26.47%的人属于这一类型。

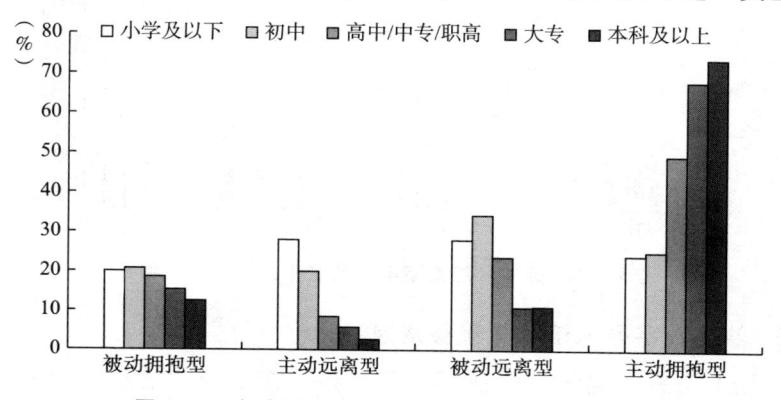

图3-9 数字分层类型不同的老年人受教育程度

生活水平处于下层的老年网民中，被动远离型的比例较高（44.12%），高于其他生活水平的老年网民，其数字融入态度积极，但信息能力不足；而生活水平处于上层的老年网民里，也有 20.00% 的人属于这一类型。可见，信息能力与生活水平之间并没有对应关系，但生活水平较高的老年网民，往往数字融入态度比较积极。

在主动远离型的老年网民中，生活水平相对偏低，有 23.53% 的生活水平处于下层及 17.56% 的生活水平处于中下层的老年网民属于这一类型，其信息能力不足且数字融入态度消极。而在生活水平处于中等、中上层和上层的老年网民中，属于这一类型的比例分别为 8.94%、3.03% 和 10.00%。

表 3-16　数字分层类型不同的老年网民的生活水平

单位：%

数字分层类型	下层水平	中下层水平	中等水平	中上层水平	上层水平
被动拥抱型	5.88	14.50	20.67	16.16	10.00
主动远离型	23.53	17.56	8.94	3.03	10.00
被动远离型	44.12	27.48	20.39	13.13	20.00
主动拥抱型	26.47	40.46	50.00	67.68	60.00

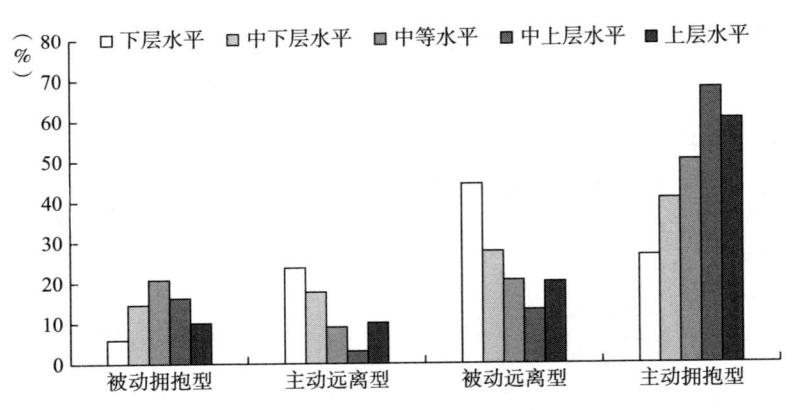

图 3-10　数字分层类型不同的老年人生活水平特点

3. 缺乏数字融入信心是重要诱因

本研究分析了老年人的数字分层类型，在不同的信息能力和数字融入态度基础上得到了四种数字分层类型，包括主动拥抱型、被动拥抱型、主动远离型和被动远离型。不同类型的老年人基于自己的数字资源利用情况和对互联网的态度，可能会在互联网使用过程中形成不同的信息观。比较这些老年人信息观的特点可以发现，主动远离互联网社会的老年人，对互联网的积极感知最弱，对互联网的消极感知最强，也就是更喜欢智能手机不流行的时候，觉得用智能手机耽误时间。与此同时，其对自己能融入互联网社会的信心也很弱。主动拥抱互联网社会的老年人则与之相反，其对互联网的积极感知最强，对互联网的消极感知最弱，对自己能融入互联网社会充满信心。

被动拥抱互联网社会的老年人，是一群信息能力较强、有能力利用较多数字资源的人，但他们并没有因此认为老年人有必要去掌握互联网使用技能。分析结果表明，他们对自己融入互联网社会的能力比较有信心，但对互联网的消极感知比较强，还是觉得不用智能设备的时候更好；同时，他们对互联网的积极感知则相对较弱，可能正因如此他们才觉得老年人没必要融入互联网社会。

被动远离互联网社会的老年人，信息能力有限，但相信有必要学习互联网的使用，他们并没有因为自己对网络的使用不熟悉就觉得不用智能设备更好，对互联网的消极感知相对较弱，而更多感知到互联网能够给生活和个人带来积极影响。不过对于自己能够融入这样一个具有积极影响的互联网社会，这些老年人的信心还不够充足，其信息能力有待提高。

表 3-17 数字分层类型不同的老年人的信息观

单位：%

数字分层类型	互联网积极观	互联网消极观	数字融入信心
被动拥抱型	5.39	3.20	4.92
主动远离型	4.90	3.66	4.16
被动远离型	5.46	3.04	4.84
主动拥抱型	5.73	2.44	5.44

注：数字融入必要性因缺少数据而暂未被列入，下同。

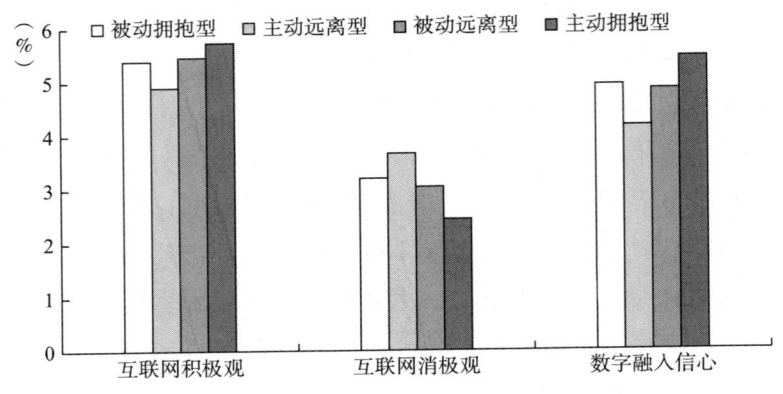

图 3-11 数字分层类型不同的老年人的信息观

4. 拥抱互联网社会，提高生活满意度

本研究分析了数字分层类型不同的老年人的心态是否有差异。结果显示，在生活满意度方面，主动拥抱互联网社会和被动拥抱互联网社会的老年网民在生活满意度方面要高于主动远离型和被动远离型的老年网民，不同类型网民之间的生活满意度比例的卡方检验结果显著（$\chi^2 = 11.92$，$p < 0.01$），表明数字分层类型不同的老年人之间的生活满意度差异显著。总的来说，以拥抱的形式去面对互联网社会，在融入其中的时候，老年人的生活满意度会更高。

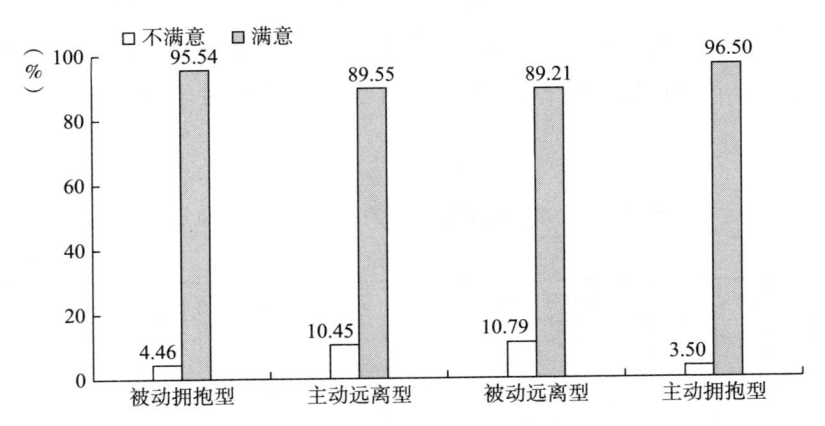

图 3-12 数字分层类型不同的老年人的生活满意感

在未来预期方面，被动远离型和主动远离型的老年网民对未来预期的态度更消极，预期未来生活会变差的比例分别是 15.11% 和 13.43%，高于其他两类老年网民（卡方检验显著，$\chi^2 = 24.704$，$p < 0.001$，表明数字分层类型不同的老年人的未来预期的差异显著）。但被动远离型的老年网民预期未来生活会变好的比例最高，这表明，信息能力不强、互联网融入程度不高，但数字融入态度积极的老年网民，更有可能积极地去预期未来的生活。

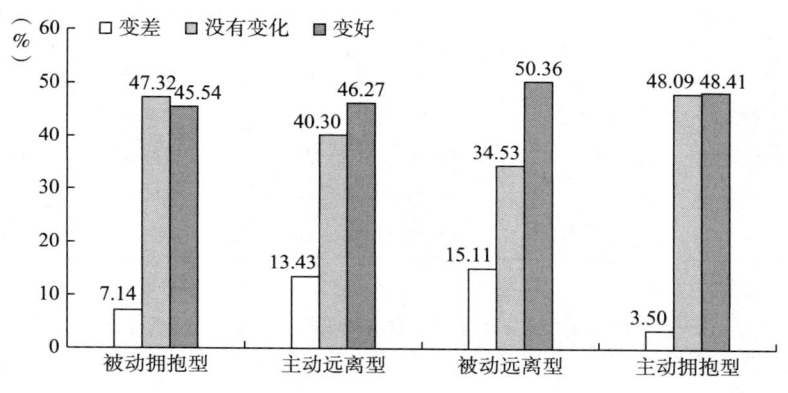

图 3-13　数字分层类型不同的老年人的未来预期

5. 远离互联网的老人需求更多

本研究分析了数字分层类型不同的老年人的信息化时代的个体需要是否会有不同，主要涉及与信息化相关的"了解新资讯和知识""跟上网络时代步伐、不落伍"，以及与自我实现相关的"老有所为、发挥余热""实现兴趣爱好""独立、自主"。我们询问了不同数字分层类型的老年人在上述各方面是否有需要，结果显示（见表 3-18），主动远离型的老年网民的信息能力较弱，数字融入态度不积极，认为老年人没有必要去学习网络应用；同时，他们的需要又要比其他类型的老年人更为强烈，有更多的主动远离型的老年人认为自己现在需要获取新资讯和知识，跟上网络时代的步伐、不落伍，老有所为、发挥余热，发展自己的兴趣爱好，独立、自主。也就是说，主动远离型的老年人的需要更多，这与其缺乏主动性和信息能力不足有较大关系。同时，这种情形也反映出这部分老年人的矛盾心理，虽然他们觉得老年人学习使用互联网应用没有必要，但在现实生活中，他们又因对网络资源利用不足而感到自己在信息化时代已经落伍，对此并不满意。如何帮助这些老年人找到满足需要的途径，并增强他们的主动性，也是网络适老化所面临的一大挑战。主动拥抱型的老年人在各方面的需要在所有老年人中是最少的。

表 3-18　数字分层类型不同的老年人的需要特点

单位：%

需要	被动拥抱型	主动远离型	被动远离型	主动拥抱型
了解新资讯和知识	53.57	67.16	53.96	51.91
跟上网络时代步伐、不落伍	58.93	74.63	58.99	57.01
老有所为、发挥余热	54.46	76.12	48.92	47.45
发展兴趣爱好	56.25	80.60	56.12	50.00
独立、自主	47.32	64.18	50.36	35.99

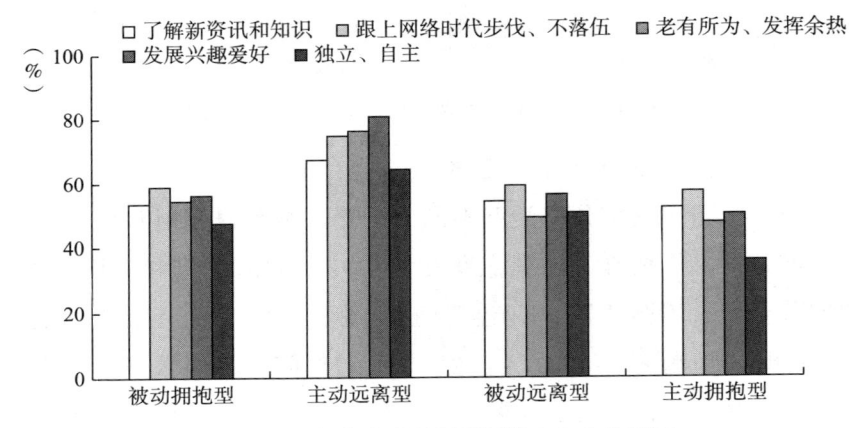

图 3-14　数字分层类型不同的老年人的需要

第四章
老年人数字分层的影响因素

正如上文所述,在数字时代老年人面临着多重"数字鸿沟",不但老年人群体与年轻人群体存在代际"数字鸿沟",老年人群体内部也存在灰色"数字鸿沟"。老年人接入数字生活空间的能力和在数字生活空间内满足个人需要的层次决定了老年人群体的数字分层状况。首先,数字生活空间复刻了现实空间内的社会经济权利结构,因此现实的社会分层很大程度上决定了老年人群体在数字生活空间内的分层,因为现实空间内老年人拥有的人力资本、社会资本和文化资本决定了他们跨越"数字鸿沟"的能力。其次,数字空间特有的底层逻辑也影响了老年人群体在数字空间内的分层,即老年人对信息的占有、技能策略的获取以及对这些地位的控制和维持能力决定了老年人的数字分层状况。因此老年人数字分层的影响因素中既有传统的社会分层的影响因素,也有老年人对数字信息化的需求和掌握能力等影响因素。

一 社会分层影响因素

分层是结构中最主要的现象。在现实社会中,社会分层是社会学研究的传统领域与重要主题。其任务在于通过"分析各类社会群体间'有价'资源的不均衡占有,解释不平等的形成、维持和变化,以及它们对社会生活其他领域的影响"(李春玲、吕鹏,2008)。社会分层的实质是人们拥有的社会资源的不平等分配，例如财富、收入、声望、受教育机会等（李路路，1999）。

传统韦伯社会阶层的划分主要依据人们在市场中的能力或市场权力，因此职业结构成为社会分层的主要影响因素。一般来说，职业所需要的专业技术或知识越多，则在市场上越稀有，越有市场权力，在社会中获得的社会资源也相应地越多。除了职业带来的收入和声望的不同以外，个人拥有的财产也会影响人们的社会阶层，因为来自财产的收入分配比职业收入分配更不平等，财产也可以进行投资以获取更多收入，且在当今社会，资本的回报率远高于劳动力的回报率。新马克思主义对社会分层的关注则集中在是否持有生产资料上，因为经典马克思理论认为拥有生产资料的资本家会拿走劳动者生产中的剩余价值，而劳动者因为无法拥有生产资料而不得不进入这种生产体系中维持生活。随着社会的发展，劳动者内部发生了分化，以奥林·奥特为代表的新马克思主义者认为劳动者内部的社会分层取决于他对生产领域中的权威和技术或技能的占有程度。布迪厄将这些专业技术、技能和知识与"符号资本"联系在一起，拥有的文化资本不同同样会导致社会分层。

自新中国成立以来，中国社会经历了前所未有的大变革，不断变更的"核心"资源使社会分层与流动研究的理论取向不断发生转变（李友梅，2019），这也促使我国的社会分层研究具有更加显著的多元性与时代性。在对社会分层影响因素的研究中，有学者意识到了"核心"资源的流动性，从不同社会发展阶段的角度提出了对应性"核心"资源，并以此为依据确定了社会分层模式。在刘祖云和胡蓉的论述中，原始社会的"核心"资源是个人的个人性资源，主要包括简单技能和基本素质，对应的社会分层模式为功能主导型分层模式；前工业社会的"核心"资源是个人的社会性资源，主要包括权力和特权，对应的社会分层模式为冲突主导型分层模式；工业社会的"核心"资源是个人的个人性资源，主要包括科技、知识和信息，对应的社会分层模式为功能主导型分层模式。而信息社会中的"核心"资源则指向信息的获取和使用能力（刘祖云、胡蓉，2006）。

从现有的社会分层研究来看，虽然不同学者所界定的"核心"资源各异、所持取向不同，但都承认社会分层的流变性与多元性，即随着社会现实的发展，社会分层将持续进行，社会分层结构的认识框架将不断发展。因此社会分层的影响因素在于人们对于"核心"资源的占有程度。一般来讲，"核心"的资源包括：人力资本，如身体健康状况、年龄、受教育程度、工作经验；社会资本，指人们所在的社会网络中资源的丰富程度，如社会支持等；文化资本，指个人的具体的精神和身体持久性的形式，如生活惯习、心态、价值观等，信息社会中的"符号"资本也可以指向对于信息的拥有和利用。

虽然不少学者已经将"信息技术革新"纳入社会分层的研究之中，"数字鸿沟"的概念也逐渐被更多地社会学化，但技术与社会的互动构建的连续谱尚未形成。为此，本研究提出了数字分层的概念框架，引入传统分层研究中的常规变量以及社会角色与家庭角色、社会资本与社会参与、社会支持与代际互动、信息化需要层次、自我效能感、养老观点、社会嵌入程度等数字使用的"核心"资源，对当下老年人群体的"数字化的生活世界"进行画像（杨善华、李静，2008）。

二　影响数字分层的一般变量

（一）出生队列

老年人使用互联网的一大困境就是身体机能的退化。随着年龄的增长，人的身体机能会逐渐退化。依照世界卫生组织（WHO）意见，亚太地区将年龄达到 60 岁的人界定为老年人；多数欧洲国家则是将年龄 65 岁以上的人定义为老年人；同时，世界卫生组织又依据现代人的各种生命指标与状况，对人生阶段的年龄进行了新的划分：44 岁及以下为青年（the youth）；45~59 岁为中年（mid-aged）；60~74 岁为年轻的老年人（the young old）；75~89 岁为老年人（the old old）；90 岁及以上为长寿老人（the very old 或 the longevous）。这一标准同时考虑到了发达国家和发展中国家，也考虑到了人类平均预期寿命不断增长的趋势以及人类健康水平不断提高的必然结果。这次新的划分将这五个年龄组的老年期推迟了10年，不仅会对人们的心理健康产生积极的影响，也会对人们抗衰老产生积极的影响。WHO标准将逐步取代现阶段中西老年人划分的一般标准（牟红安、鲍勇，2019）。1982年中华医学会老年医学分会建议，把生理年龄60岁作为我国划分老年人的标准，现阶段我国老年人的划分标准为：40～59岁为老年前期，即中年人；60～69岁为低龄老人；70～79岁为中龄老人；80岁及以上为高龄老人；100岁为百岁老人。

经比较不难发现，老年人群体的年龄增长是其阅读能力的负面影响因素，同时可以得出结论，随着年龄的增长，老年人自身器官衰退与阅读能力下降的风险同向发展（Baker et al., 2000）。老年人使用互联网的一大制约因素即阅读能力的下降。Lee等（Lee et al., 2011）在确定影响老年人互联网使用的四个因素（内在因素、功能限制、结构限制、人际限制）后进一步比较了不同因素在不同年龄组的老年人之间的差距，发现在50～64岁、65～74岁和75岁及以上的三个年龄组内限制因素存在不同的影响力。

Friemel分析了不同年龄人群使用互联网检索信息的能力，证实了互联网运用能力是老年人"数字鸿沟"中更为主要的差异（Friemel，2014）。其对老年人群体再次进行了年龄划分，发现即使是在老年人群体内部也存在着较大的"灰色鸿沟"：与64岁之前的"中年人"相比，年轻的老年人（65～74岁）使用互联网的可能性只有63%，而老年人（75岁及以上）使用互联网的可能性只有30%。其他相关因素表明，有伴侣的人、拥有较高的受教育水平的人、有专业职业的人（相对于退休或家庭主妇）和老年男性更有可能使用互联网。Selwyn等也发现男性、年轻的老年人、已婚且没有长期疾病的人和受过高等教育的人更有可能上网。研究团队的数据调查结果显示，愿意参与线上问卷填写的老年人

实际上是老年人中的"年轻人"。参与调研的老年网民相对较为年轻（Selwyn et al.，2003）

从统计结果来看，低龄老人的比例最高，中高龄老年人比例较低，绝大多数老年网民年龄在70岁以内。老年人因为身体机能的下降以及知识储备的情况，年纪越大越少使用互联网，或使用互联网受到较多限制。这个现象符合老年网民互联网使用的实际情况（麻宝斌等，2020）。

具体来看，参与本次调研的老年人大多数于1960～1964年出生，其比例占总数的42.09%；其次是于1955～1959年出生的老年人，占比为25.63%；1965年出生的老年人占比为18.51%；1950～1954年出生的老年人占比为9.33%。而超过70岁的老年网民比例较低，数据显示，1949年之前出生的老人仅占总数的4.44%。这说明，实现代际数字公平是一项任重而道远的工作。

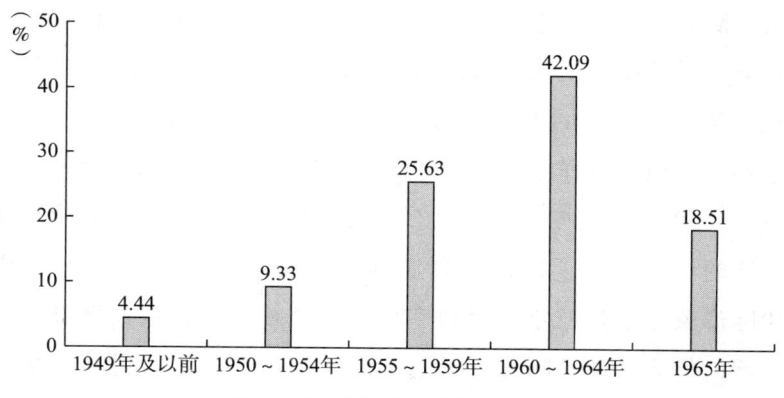

图 4-1 老年人出生年份分布

研究团队在访谈中充分考虑了受访群体的年龄分布情况。在调研中，研究团队发现，75岁及以上的老年人因为身体衰老，活动范围经常限于社区内部，而目前中国的城乡社区内部基本都可以满足这个年龄段老年人的基本日常生活需求，当需要外出或需要互联网来处理日常生活事务的时候，则由子女、社区人员或志愿者代劳。

—2081488499—80岁以上的老人，慢慢动不了了，有的能动，有的能半动，能半自理，不能全部自理，80岁的基本不用这个（智能手机），电话都不用。

—2081488500—我77岁，家里有Wi-Fi，是孙子安装的，他用，我不上网，手机就是拿它接个电话，打个电话，不用微信。我从来没使过微信买过东西，我都带着钱，你这个超市不收钱我不买。手机话费有时候我儿子给我转，有时候我上清河，到超市玩去顺便就交点钱。

—2081488501—（80岁）我也不出去，就在家里待着，要打电话给我，找座机打就行。我很少出去，有时候东西南北都找不着，反正就在这附近，我也不上远处去，最远估计也就是附近的超市，别的地儿不去。我要去远处闺女就带着了。

出生队列的另一个重要影响是老年人自身对"代"的认识，日常生活中人们经常按照出生队列被划分为60后、70后、80后、90后等，每一"代"人都有不同的人生阅历和社会形象。60后和70后虽然被认为是数字移民，但在操作技能上他们与被称为数字原住民的80后、90后差别不大。50后可能在社会形象上就已经被划分为不能够完全适应数字社会生活的"代际"了，40后则显得与互联网社会格格不入，这看似合理的代际形象会增强老年人对数字生活的负面认知，进而使其放弃融入数字生活的努力。而且随着延迟退休政策的施行，即将进入老年人人口队列的都是掌握了一定网络使用技能的网民，他们对适老化的需求则可能与以前人口队列的老年人有比较大的区别。

（二）受教育水平

受教育水平是分析老年人"数字鸿沟"的预测因素之一，传统读写能力普及率与年龄大小成反比。有高等教育学习经历的老年人能够更加积极主动地参与互联网的认知增强活动，文化水平不足而有读写障碍的老年人更可能会出现"数字鸿沟"。

在我国,除了受教育水平外,老年"数字鸿沟"还与年龄段和过往职业等因素紧密相关,小学及以下受教育水平的老年人周上网时间为2.95个小时,初中组、高中或中专组、大学及以上组的周上网时间分别为6.25个小时、4.82个小时和11.85个小时,研究显示,受教育水平会影响老年人的数字分层(王若宾等,2018)。对于学历这一变量,除受教育水平以外,还有一些外延的含义。也有学者不仅将学历视为人力资本的组成部分,同时也将其看作个人文化资本的表现,提出在结构主义视角下"从布迪厄对文化资本的界定来看,语言、文字及其他符号是构成信息的基本元素,但在互联网时代下,信息技术及其应用飞速发展并快速扩张,丰富了以往人们传递和获取知识的途径,人们尤其是那些有足够文化资本底蕴的'文化精英'可以通过网络便捷地获取知识,这也使得这一群体更容易占有以信息技术为基础的文化资本"(李升,2006)。

Dimaggio和Gesine进一步在文化资本内提炼出"技术资本"的概念,用以指代关于电脑和网络的文化资本——包括知识、技能、技术意识以及在私人和公共场域内使用技术的能力。通常技术资本匮乏的数字弱势群体在现实条件下也处于利益获取困难的地位。不难发现,如果以技术资本为自变量,弱势群体的线下不平等会因马太效应而加剧(Dimaggio and Gesine,2003)。

虽然与正规教育相比,实践才是令人掌握数字技能的重要因素,但通过教育所积累的文化资本会影响人们的使用动机。一方面,受教育水平较低的老年人往往是信息无欲者(information want-nots)的主要人群,容易丧失接入互联网的动机(van Dijk and Hacker,2003)。另一方面,教育也是造成第二层"数字鸿沟"的原因之一,学历越高,以工具的方式使用互联网的人越多;而学历越低,出于娱乐目的使用互联网的人越多(Shah et al.,2001)。并且,因个人文化积累较少而形成的主观和情感因素可能会导致老年人出现"计算机焦虑"(computer anxiety),对技术抱有焦虑和消极想法,进而导致真实的"数字鸿沟"(Houssein et al.,

2015；Rosen et al., 1993）。

受过一定的教育是使用网络的基础。总体来看，被访老年网民受教育水平普遍较高，这也表明受教育水平是老年人上网的重要影响因素。大多数被访老年人读到高中，小学学历的被访老年人较少。

具体来看，被访老年人中读到高中的比例最高，其比例占总数的40.82%；此外，有33.07%的被访老年人拥有大学学历；读完初中的老年人占总数的22.15%；仅有3.96%的被访老年人是小学学历。考虑到老年人接受教育的时代，教育普及率较低，受教育水平普遍较低，可以由此推断，上网老年人普遍具有较高的受教育水平和社会经济地位。

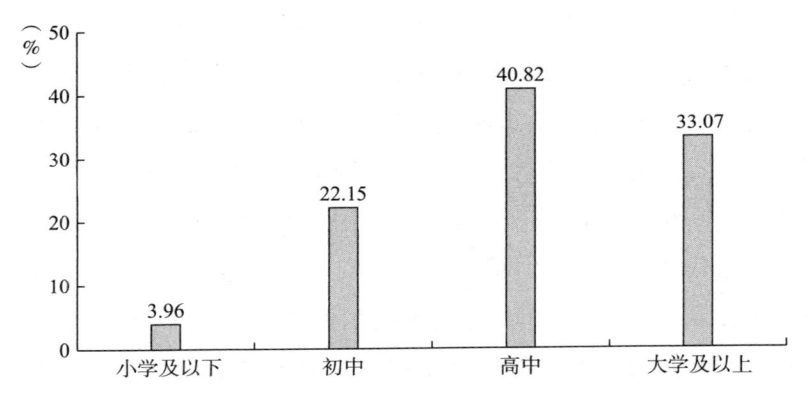

图4-2 被访老年人的受教育水平

访谈中有大量例子证明了教育背景对于老年人数字生活的影响。

-2081488502- 我不识字，手机除了联系人之外，打个视频，基本上不用。（看短视频）不会弄，手机过年买的，我不会用，一直放着，（后来开始用）手机刚用了一个月，还不懂。（不识字）

-2081488503- 我是个没文化的人，手机好多东西都不会用。就是给孩子打打电话，看看短信，看看微信，我不会发。（自评没文化）

-2081488504- 那都不会，我手机用最多的就是儿子来电话接电话，做啥吃啥。买东西我也不买，我都是用现金，有时候都是我儿子在网上给买，他买完了邮回来了东西，菜我就上市场买菜，别的都不用，白糖那些、酱油、醋他都在网上给我买，买完直接邮回来，省事。（学历不高）

－2081488505－从我个人感觉，老年人当中，会智能手机跟电脑的占的比例并不太大，从我看到和听到，智能手机跟电脑会的并不太会，还有不少比例都是用老年机，智能手机还不会，用老年机比较多。电脑用得更加少，应该说比例比较低。这个除了可能跟年龄有关外，还有一个文化层次。像我们这么大年龄，小学、初中毕业当时还比较多。

－2081488506－我是高传大学的外语老师。日常生活中基本上都在用微信，反正没落后过，有微信了基本上就开始用了。用微信发短信，视频就天天都有，天天视频。因为我有两个孙女，天天视频。国内、国外的，都视频。手机上我也能处理文件，把文件发我手机上，我调出来，在手机上改，改完再发给他。要开会了，视频会议，我们就都可以参加，一按就行。我爱人开始不会。比如说，学校通知他要开会，说要视频会议，他们教我们把什么什么打开，你就打开了；出现画面，一按通话，就开始说了。他主要是会议，再就是评审。发个文件，看完了再返回去；返回去，有他不清楚的地方再返回来，再改，再发。反正别人点拨一下就行。比如，扫健康码，我们一下飞机就得扫健康码。在家里先学会，把健康码扫出来，弄在屏幕上，到机场的时候再一按，出来了健康码，一晃就出来了。手机微信银行卡都绑上，不绑没法支付呀。要是钱数量大了，给我孙女发1万元，不绑上（银行卡），发不出去啊。比如我上三亚，就往那里头存2万块钱，在那就都用这个。他绑的是工资卡，我绑的是单设一张卡。我每年都去三亚，就绑这张卡，要走的时候存2万元，到那交费干什么都用这个钱。（高校退休教师）

－2081488507－我一直在用智能手机，这台之前苹果也算智能手机。我用手机、微信、邮件这些我用得比较早，因为孩子在国外，我们要联系,很早就用这些东西了。现在功能多了,手机离不开了。出行,出行必须订票吧;出行以后入住,我们都是提前在网上订酒店。平时的购物,基本我们俩都没有用现金了,都用手机。跟孩子联系也是用手机,手机可以发邮件。(大学工作退休)

(三) 职业经历

退休前的职业经历会影响老年人的社会经济地位,李春玲(2005)基于职业声望测量,推出了社会经济地位指数的计算公式,通过对我国81种职业进行声望分类,增加了分类的效度。同时,与信息技术相关的职业经历有助于提升老年人的数字技能。

李强(2000)认为在现代化过程中,"职业分层成为社会分层的基础。工业社会带来了正规的职业体系,包括传统中从事家务劳动的妇女在内的大量人口进入这个体系,社会职业体系中的职业地位成为衡量人们社会地位高低的最主要因素。职业地位同时反映了经济地位和人们在权力结构和声望分层中的位置。在此基础上,阶级分层与职业分层得以契合。教育是人们进入职业体系的主要途径,现代社会以教育为筛选社会分层的最主要机制,我国的科举制早于西方出现这种机制"。

陈月华、兰云(2010)的研究结果显示,老年网民往往具有较高的文化水平、较高的收入和与电脑有关的职业经历。Deursen 等认为,社会和心理障碍导致了老年人对数字生活的疏离。老年人群体最初对互联网和数字技术的认知及信息来源于过往职业经历,其工作环境和职业特性影响其离退休前的数字化参与程度,导致了老年人群体对互联网的价值认知和体验的差异。

研究团队在访谈中发现,退休前的职业极大地影响了老年人使用互联网的习惯,正如上文所述,如果退休前职业与信息技术相关或者必须使用信息技术,那么退休后使用智能手机遇到的阻碍就会小。

-2081488508-（退休前在电信局）我反正是挺跟时代的，从一开始的大哥大、小灵通，我一直是跟着走的，但是一退休，知识老化，跟不上。我们一家是搞通信的，我们是从因特耐特（互联网）开始我们联通就第一个联网，我们就上网，这个跟着挺紧的。而且上班的时候思想还比较先进，跟着网络。刚开始接触电脑是（19）96年，我们当时是五笔输入，从286、386、486、586一直到现在，当初挺先进的。但是以前的工作性质就是上电脑、编程序，这些我们都应该是会的，而且都考核的。我爱人是北邮学通信的，所以网络这块对我们家来说还不是问题。比如春节回去、十一上哪儿玩儿去，都得抢票，都是他的事。

　　-2081488509-我是国企的，物资系统的，当时不是国企都改制了嘛，2000年到的私企，东三省首家装饰工程，最大的一个公司，我们是干财务的，我是55岁退休，但是在私企再接着干，一直干到60周岁。我们是调到私企去了，那个时候我们公司挺有生命力的。我去的时候，是东三省首家ISO9001认证的，东北三省是头一家认证的，所以我们到那个公司对我们挺有帮助的。因为（20）03年还是（20）04年就全部电算化，我们工作都没有手工的了，全都是在电脑上操作。最早小手机开始用，智能手机有了就开始，就一直在用智能手机。基本不上银行，工资转款全在手机，都是网上银行操作。我现在真是网上银行用得非常多，买基金，自己就在那买了，不用跑银行。理财都是手机上点，我们从来不用上银行去排大队。所以我就觉得现在老年人这方面太累得慌。我们现在这个反倒使得还挺好，QQ、微博、微信，下载个软件，整什么的，都没问题。比如照片一多了，几千张，手机就装不下，QQ有相册，我就在QQ上写点日志。现在我不写了，以前都在单位电脑上写，因为手机毕竟还是有点小。

　　-2081488510-我用智能手机也没有多长时间，因为什么呢？原来我的工作不接触这些东西，现在随着时代的变化，接触这些东西，但是脑子里面学不进去了，学得特别慢，小孩给我弄个智能手机主要是看看新闻，简单的操作这些东西，看看这些乱七八糟的东西，主要是打发时间。用主要是支付，我认为比较方便一点，但是支付的不多，不经常支付，不像孩子，买什么东西都支付，我买个菜什么的（用手机）支付，买大件东西都是小孩子买的多。像我们这个年龄，学得慢一点，但是从我个人感觉来讲，我还想学一点儿东西，多学一点儿东西，但是现在小孩子教我们都没有耐心，这个这个那个那个，我们本来反应慢。

除了退休前接触信息技术的职业会让老年人更容易跟上数字潮流以外，如果退休前所从事的职业权威性较强或声望比较高，可以使老年人群体有比较强的自我效能感和较强的学习协调能力，这让他们的"触网"更加顺畅。

— 2081488511 — 毕业回到广州，我一直在省里面的部门工作。我以前在省政府的部门，所以站的是国家的角度。应该是（20）08年、（20）09年，我们年轻的同事说，我帮你开QQ传照片。他就马上给我开了个QQ号，密码都是他设的。他就教我，他说这么直接一拖过来，发过去就行了。我原来的工作需要跳舞交际，我们（20）08年、（20）09年就有群，那时候就是QQ大家跳舞的群。15年前，我就玩QQ群了，被人家给拉进去了。拉进去，我们这个组织活动能力就体现出来了嘛。我们那个群就越玩越大，现在总共有10个微信群，而且还有些小的，比方说一些旅游、办班的群，那就数不清了，有时候删掉。我现在有10个群，我想搞个什么活动，很简单，往上面一发就可以了。

（四）健康状况

牟红安、鲍勇（2019）依据老年人身体健康状况将其划分为六类。

第一，低龄健康老人的基本特征为身体健康、活力充沛，绝大多数无生活协助或生活护理的需求，仍扮演着重要的家庭角色。第二，高龄自理老人的基本特征为身体基本健康，生活尚能自理，受机能退化影响，存在生活隐患，难以扮演功能性的家庭角色。第三，慢病自理老人的基本特征是患有慢性疾病（高血压、糖尿病等），生活能自理，但需要定期接受医疗服务，扮演着较重要的家庭角色。第四，长期卧床老人的基本特征为完全或部分失能（如瘫痪、机能退化等），需要全天候的医疗生活照护，暂时性或永久性地无法扮演功能性的家庭角色。第五，失智老人的基本特征为失智（阿尔茨海默病、帕金森综合征、亨廷顿式舞蹈症等），需要全天候的生活照顾，暂时无法扮演功能性的家庭角色。第六，专业照护老人的基本特征为术后康复或患重大疾病（如骨折、中风、心脑血管疾病等），需要全天候的生活照顾，暂时无法扮演功能性的家庭角色。

医学研究中将老龄人口的身体机能衰退的现象分为感知觉层面和认知层面两部分。感知觉层面主要包括老年人的视力下降，听觉能力降低，手指关节灵活性减弱，导致老年人对电子设备的显示器有特殊要求、难以使用键鼠等问题。在认知层面，老年人群的工作记忆衰退明显，在学习信息技术时相对于年轻人更加困难。老年人的身体机能衰退是影响其使用互联网的重要因素。

老年人的数字生活与其身体健康状况密不可分，个体衰老带来的身体机能衰退严重阻碍了老年人对互联网的使用。关节炎、风湿病等疾病导致老年人手指关节的灵活性减弱，老年人在键盘以及鼠标的操作方面无法熟练有效地掌握和使用；晶状体浑浊等问题导致的视力问题，使得老年人无法正常注视电脑屏幕（王萍，2010）。此外，老年人对自我健康状况的评价会影响其对网络的接触态度。健康状况越好，接触网络的可能性越大（陈勃、樊国宝，2003）。

-2081488512-就是老年人的眼神都不好，所以声音和字应该弄大一点。我的眼神不行,一般就看看家里的事,群里发了什么事,我看一看,其他的我不看。

——2081488513——这些新的东西对我们老年人来说,接受它接受得太慢了。我要再倒退20年,这个东西我也扒拉挺快。现在这手不好使了,我们只能一个手指头一个手指头去怼(按),还怼得挺慢,有的时候还怼差了。有时候眼神还跟不上。

——2081488514——学不会(手机)倒不会,就是有时候眼神不太好,要是不戴眼镜看不见那个小字。学不会倒好像没有。

——2081488515——拼多多,我也不去拼。像教我复制、粘贴,教一遍,会了,过两天又忘了。复制、粘贴,手指头点完以后,这个手指头没了,得用那个手指头点去,就点错了。不像过去复印机,钢板刻好了,一印。现在轻轻一点,我们就怕点没了,就不敢点。点的时候,还真给点错了。教一遍,会了;教五六遍,也会了。等到第二天再使,又忘了。

(五) 社会经济地位

在社会科学中,以社会经济地位为变量的研究大行其道,具有较强的解释力,甚至成为标准化的量化研究。在认识论上,这类研究认为个体的受教育程度和经济收入状况不仅决定了个体在社会中所处的位置,而且作为一种结构性的要素,同时影响个体的社会行为。经济条件方面的约束,也是老年人不能使用互联网的一大影响因素。南昌大学的陈勃、樊国宝(2013)的研究数据表明,经济水平会影响老年人使用互联网的情况。在使用互联网的老年被试者中,一般能够使用互联网的老年人都有较为固定的、能够自己支配的资金。但 Melenhorst 等(Melenhorst et al.,2006)发现老年人使用技术主要是受感知利益的驱动,经济成本的限制不太重要。

结构主义视角下的"数字鸿沟"的结构分析逻辑便是建立在社会经

济地位的基础之上的:"信息革命带来了信息差距,人们因互联网技术素养的差异形成了所谓的'信息富有者'和'信息贫乏者'(这里是相对概念),社会阶层定位是导致信息差距的主要原因。而信息差距具有转化为其他资本的特性,在信息差距形成和扩大的同时,各阶层的社会经济差距也在不断扩大,最终强化了不同的阶层地位。"简单来说,就是高社会经济地位的阶层拥有更丰富的资源和更大的优势以学习和应用信息技术,同时利用信息技术带来的优势可以获得更好的职业地位及经济优势,从而获得更高的社会经济地位,最终实现"经济资本—信息资本—经济资本"的闭环(李升,2006)。同时,李升也提出,在后现代主义分析视角下,"阶级阶层存在的基础已经瓦解,以阶级阶层为基础的认同已不再重要,每一个个人都具有多元的并且相互冲突的认同,个人认同上的矛盾性和不一致性导致了某种非中心化自我",信息化的发展有助于消解传统的社会分层结构。为确定两种观点的现实解释力,其对日本社会进行了实证分析,其中,"阶层归属意识"以下层为参照组,分为"上、中上、中、中下、下"5个层次。最终发现,"数字鸿沟"的阶层化特征比较显著,对现有的社会经济地位具有增强与巩固的作用。所以以知识获取为主的数字使用与社会经济地位有很强的正相关关系,"随着新媒介向社会传播的信息量日益增长,具有更高社会经济地位的人将比低社会经济地位的人以更快的速度获得信息,这两类人之间的差距呈现出扩大之势"(李雪莲、刘德寰,2018)。老年人所处的社会经济地位直接决定了其与现实社会的接触面和融入程度,具有高社会经济地位的老年人更容易与当下的社会同步,自然在数字生活融入方面也要领先于其他人。

-2081488516-(退休前曾担任村党支部副书记)从退休以后在社区帮助班子,好像就是做股份吧,出些主意管理社区,还有建章立制。从社区聘请以后,到去年我就搞摄影了。我是旅游达人,去年还跑去看杨树,出去了以后拍照,拍风光照。我们摄影团队当中，（有）哈尔滨工程大学军事学院搞摄影的，也有清华大学搞摄影的，有国际学术交流的，都是在我们团队的名下。我自己有3台电脑，有2台手提电脑，还有1台二手苹果电脑。图片都是自己搞。我搞图片的时候就碰到这个问题，所以感受很深。我悟出道理来了，电脑我都弄懂了，因为电脑我从来没有去听一节课，从来没有去上课，结果自己弄出来了。但是门道还没找准，所以这个我还要打个问号，我一定要找准那道门是怎么打开的。虽然说花了几年，但是我得到收获了，得到收获我也开心。就有这点感悟。

从老年人对其社会经济地位的自我评价来看，认同自己处于"中等水平"的比例最高，接近六成（56.65%）；其次是"中下水平"，占比为20.73%；"中上水平"占比15.66%。三者合计占比为93.04%。而认为自己社会经济地位特别高和特别低的比例都相对较少，分别仅为1.58%和5.38%。

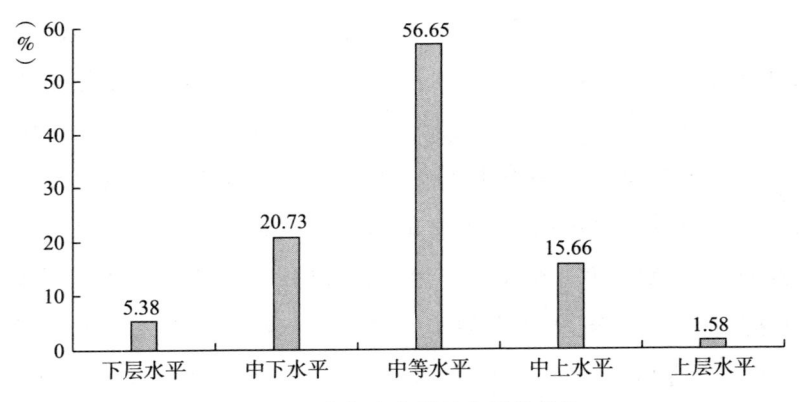

图4-3 老年人自评社会经济地位

从老年人对互联网的接纳程度来看，自评社会经济地位与互联网接纳程度也呈现正相关关系。其中，认为自己处于"中下水平"和"下层水平"的老年人更可能通过主动或被动的方式远离互联网，而认为自己处于"中等水平"和"中上水平"的老年人更有可能拥抱互联网。认为自己处于"上层水平"的老年人本身在人群总体中占比较少，故而在对互联网接纳程度方面差别较小,但仍然可以看出,他们对互联网的接纳程度更高,更有可能主动拥抱互联网。

表 4-1 社会经济地位与老年人对互联网的接纳程度

单位:%

社会经济地位	被动拥抱型	主动远离型	被动远离型	主动拥抱型	总体
下层水平	1.79	11.94	10.79	2.87	5.38
中下水平	16.96	34.33	25.90	16.88	20.73
中等水平	66.07	47.76	52.52	57.01	56.65
中上水平	14.29	4.48	9.35	21.34	15.66
上层水平	0.89	1.49	1.44	1.91	1.58

(六) 社会资本

布迪厄将"社会资本"定义为"与关系相关的、实际或潜在资源的集合体",这暗示了关系结构的波动对社会资本的牵连作用,共有三种形式:有形实体资本——外在于行动者;无形人力资本——内化于行动者;联系性社会资本——嵌入于行动者之间的联系,具有非正式(informal)、动态化(dynamic)、持久性(enduring)三大特征。布迪厄认为个人拥有社会资本的多少取决于两个因素:一是行动者可以有效地加以运用的联系网络的规模的大小(网络规模);二是网络中每个成员以自己的权力所占有的资本的多少(网络中嵌入的资源数量)。

普特南通过分析社会资本在关系结构中的分布特征,提出结构紧密的强关系主要提供情感色彩较为浓厚的结合社会资本(bonding social capital),结构松散的弱关系主要提供以价值信息为主的桥接社会资本(bridging social capital)。其中,结合社会资本在网络时代的提升空间较小,而桥接社会资本则在网络中微量级互动的加持下出现了显著的上升,这暗示了网络在拓展关系上发挥着重要作用。

网络时代下的关系结构已经改变,本研究引入了维系社会资本(maintained social capital),用以描述在不断变化的生活中通过保持已有关系所带来的资源（Ellison et al. , 2010）。在互联网时代，信息比人类历史上任何时候都更加自由，信息、数据和其他个人资源获取的低门槛正以超快的速度拓展着人们的人际网络，创造了前所未有的社会资本机遇（Lin，1999）。互联网使用与个体性社会资本之间有多个面向。首先，个人的社会网络能够在互联网的应用中得以维持和扩大。信息时代的即时通信极大地方便了人们的互动，很大程度上减少了维持庞大社会网络所需的资源。其次，网络有虚拟社区的性质，处于其中的网友可以互相支持与资源共享，因此虚拟社会关系可以成为社会支持的源泉。最后，网络活动时间对于建立虚拟社会联系有正向作用，但虚拟社会联系的质量与网络活动时间并无明显关联，同样地，其对现实社会网络规模的影响甚微（黄荣贵等，2013）。

"伴随着互联网技术的快速发展，社会资本能够更容易维持和加强。那些社会经济地位高的人通过对当下互联网络等信息技术的利用，进一步扩展了自己的社会关系网络，再加之他们原本就拥有丰富的社会资本关系，也进一步扩展了自己的社会关系网络，完善和增强了自己的社会关系资本"，最终会形成"社会资本—信息资本—社会资本"的闭环。在结构主义视角下，老年人社会资本的拥有程度极大地影响其数字分层。

调研发现，如果老年人能够维系已有的社会关系网络，加上身边使用智能手机和网络产品的亲友越来越多，他们也会自然而然地被带入数字生活中；但是，如果老年人与社会生活"脱嵌"，离开了已有的社会关系网络，且未能建立新的社会关系网络，则更可能与互联网社会脱节。调研还发现，一些追随子女来到大城市的迁移老人，在离开原有的社会关系网络之后，他们一方面通过网络保持与原有社会关系的联系，另一方面在流入地通过在家庭中扮演相应角色，承担如接送孙子女、采购家庭用品、参与社区活动等家庭任务，重新建立起自己的社会关系网络。在重建社会关系网络的过程中，由于缺少足够的现实生活互动，网络空间和智能手机成为他们重建社会关系网络、形成社会资本的重要路径和工具。

（七）社会角色

老年学家在讨论人在晚年期的生命变化时，会提到"角色缺失"（role lose）和"角色中断"（role discontinuity）。在人们的生命早期，当角色缺失时可以用新角色替代；但在老年期，当个人退休或失去配偶时，其社会角色再没有机会得到代替和补充，其自我概念就会产生适应问题。社会角色的变化是老年期的重大变化之一，不同的社会角色对于个人的意义是不一样的。

Stryker 等提出了身份理论（identity theory）。该理论认为个体的角色之间存在层级结构，这种层级结构是按重要性由大到小排列的。角色的重要性预示个体履行该角色义务的准备性，某个体越是认为某角色重要则意味着他/她越是愿意履行该角色的义务；而且，某个角色的重要性是该角色履行的义务的函数。义务反映的是个体如果不扮演某角色可能给社会和个人带来损失。

蒋重清等（2008）对城市老年人的社会角色进行了三维调查，将老年人的社会角色分为现任角色（前三位是父/母、夫/妻、爷爷/奶奶）、看重角色（前三位是儿/女、爷爷/奶奶、外公/外婆）与满意角色（前三位是外公/外婆、爷爷/奶奶、顾问），并得出结论：第一，顾问角色是老年人群体十分满意的角色，说明老年人对于自己能为家庭和社会做出贡献的角色感到满意；第二，子/女角色在现任角色中排名较低，但在看重角色与满意角色中排名较高，意味着尊老爱幼思想对于老年人看重哪种家庭角色影响很大；第三，夫/妻角色在现任角色中排名较高，在看重角色与满意角色中排名较低，意味着老年阶段的人生指导和夫妻关系建设是一个容易被忽视的重点。

Brian Findsen 提出，在媒介学习（包括网络学习）的过程中，家庭、教堂组织、工作环境是影响老年人的主要因素（Findsen, 2012）。Kim 和 Merriam（2010）对老年人群体的媒介素养进行了研究，认为在老年人的互联网应用学习中媒介学习是社会性的活动，周围环境对于老年群体的促进作用不可忽视。

正如上文所述，如果老年人在退休后扮演更多的社会角色，则他们使用互联网的动力更足，自我效能感也更强。访谈中有从事志愿服务的老年人，因为其扮演的社会角色并没有因为退休而单一化，所以在互联网使用中更加积极主动，不但满足其个人的情感和娱乐需求，还将互联网作为承担社会责任的工具，在数字生活中有较强的主动性。

- 2081488517 - 从我做志愿者开始，志愿者的项目覆盖面比较广。比如说，第一，疫情开始后的志愿服务，那时候主要是到社区小区进行巡查，看有没有人不戴口罩，有没有人聚集在一起，我们就进行劝阻；第二，我们要听居民群众有什么反映，居民群众有什么需要，我们就把听到的看到的向社区党委、社区居委会反映，做到下情上达，尽到志愿者的责任；第三，我们小区是安置小区，安全方面还是比较重要，所以我们在平时的时间里面进行安全工作的宣传，让大家提高安全意识，做好防范。所以，我的志愿者活动主要起到上情下达、下情上传，做好传输（所以必须熟练使用微信和其他软件），实际上志愿者还起到社区跟居民的润滑剂和桥梁的作用。

- 2081488518 - 我们去年（2021年）疫情的时候用手机或者用App通过线上去组织志愿服务或者参加志愿服务，我会用视频课直播，上网课，在群里公布，这样很多志愿者在家里同样能收到。还有一个摄影班也搞了，我们搞了两个。直播设备是咱们社区提供的，我们社区有现成的一套设备。课程观看量300人吧。外面也有来看的。比如无锡话班，看到人家的无锡话班，其他的就赶过去了。在线课程我们是在这边直接直播，然后（社区）会在微信公众号也会进一步宣传。

（八）家庭角色

家庭是社会生活的主要场所，涉及个体和子孙、配偶的社会关系，以及对家庭生活状况的认知和理解。中国社会中社会资本的核心是家庭，传统文化重视家庭和血缘的关系。很多年来人以"家"为心灵港湾，家是人们获取精神及物质支持的主要场所，所以老年人普遍具有家庭中心的意识，将家人的亲情置于整个人生意义之上（孟伦，2013）。

研究团队的问卷调查显示，被访老年人平均有 1.47 个子女，且核心家庭老年人比例较高，主要以一个孩子和两个孩子的家庭为主。

具体来看，61.08% 的被访老年人有 1 个子女，这表明独生子女家庭居于主导地位。结合时代背景，这类独生子女家庭成员大多是城镇户口，生活条件较好，使用网络也更加方便。而独生子女家庭的老年人也更有可能出现子女不在身边、亲情关爱缺失的情况。所以出于生活需要，以及便于与子女沟通联系等原因，他们更容易接触网络。

27.53% 的被访老年人有 2 个子女，根据中国传统的"儿女双全"的思想观念，养育两个孩子的家庭较为常见，这类家庭的生活压力相对较小，老年人也有更多的时间和心思去接触网络。被访老年人中有 3 个子女、没有子女或是有 4 个及以上子女的人数占比较少，分别为 7.59%、2.06%、1.75%。

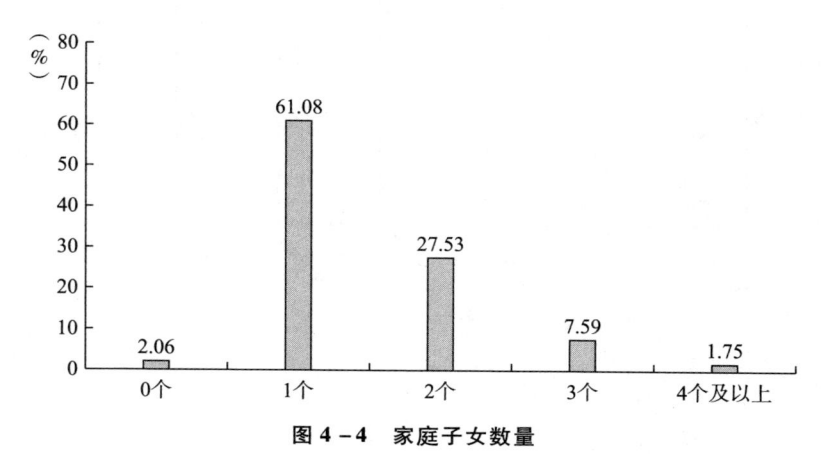

图 4-4　家庭子女数量

总的来看，被访老年人主要做的事情就是操持家务和照顾未成年的孙辈。被访老年人大部分需要承担帮助子女做家务、照料孙辈的责任，随着逐渐衰老以及家庭角色的转变，老年人的生活重心逐渐转移到家庭中。尽管很多子女能体会父母的不易,并不一定要求老人帮自己带孩子、承担更多的劳务及责任,但老年人仍然会更多地承担家庭的一些日常生活及未成年孙辈的照料等事务。此外,退休的老年网民们也有相对富裕的时间接触互联网。

数据显示,被访老年人中会帮子女做家务的人数最多,占比 26.66%,然后分别是照看家(21.97%)、购买生活用品(15.35%)。但总体上看,被访老年人中帮子女处理家务事的人数不算太多,比例仅为总体的约 1/4。老人们除了负责接送孩子上下学、接送孩子上辅导班、照料孙辈的生活之外,在辅导学习方面常感到爱莫能助。还有一些老人往往更容易陷入溺爱孩子的困境中,所以仅有少数的被访老年人会帮子女辅导或辅助孙子女和外孙子女学习,占比 7.11%。还有 5.65% 的被访老年人会帮子女做其他事情。在我国的家庭观念里面,老人帮忙处理一些琐碎问题是一件很正常的事情,仅 2.58% 的人没有帮助子女做过任何事。

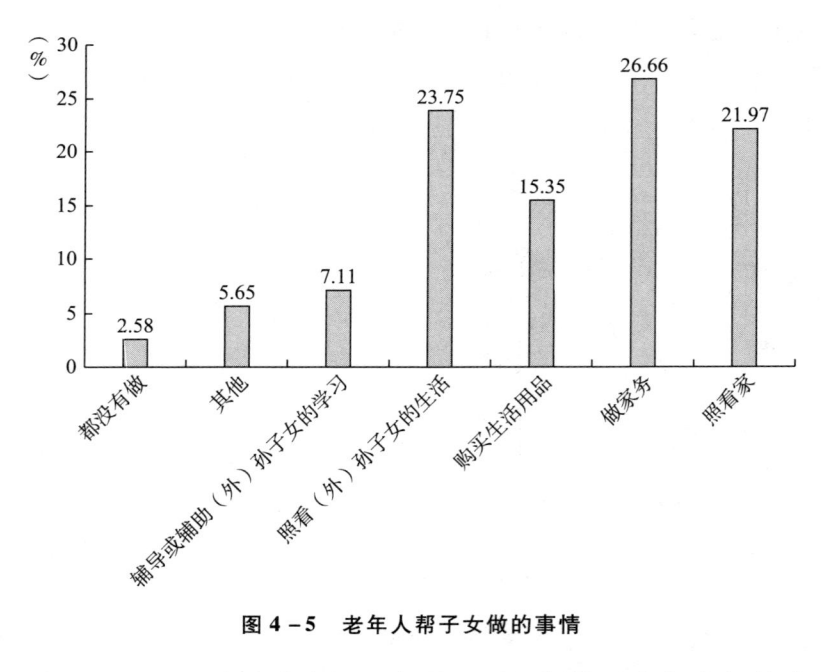

图 4-5 老年人帮子女做的事情

互联网的发展极大地丰富了人们的生活,便捷了人们之间的沟通联络。由于当前人口流动非常迅速且频繁,子女同父母分开居住的现象屡见不鲜。从数据上看,被访老年人中有接近六成(59.77%)并不与子女同住。在老年人群体的家庭生活中互联网发挥着举足轻重的作用。首先,互联网带来成本低廉的仿真虚拟联系方式,可以让老年人身临其境地与家庭成员实现有效沟通,利用多媒体的联系方式与家庭成员实现虚拟的亲切感和亲人的"远方在场"(absent presence),互联网的这一功能可以帮助弥补独居老年人的家庭角色体验缺失的不足;其次,互联网可以为老年人增添"智力资本",能够帮助老年人依托互联网的应用在家庭生活中继续扮演具有利他行为的家庭角色;再次,对互联网的学习和应用能够帮助老年人改变处于数字化下的弱势地位的现状,掌握更多信息技术能够促使老年人融入信息社会,同时老年人可以通过互联网应用起到与家庭成员分享社会中的共享定义(shared definitions)的作用,增进家庭关系;最后,老年人通过使用互联网这种特殊的途径来促进家庭成员间的沟通,可以借助延时沟通的特征化解家庭危机。

研究团队在访谈中发现,许多老年人使用手机,尤其是智能手机的动力是与子女或孙辈视频通话,满足其沟通和情感需求。大部分老年人与子女或孙辈的视频通话非常频繁。

- 2081488519 - 我用智能手机,就是和孩子在微信上视频聊个天,再就是快手上看这些,过来过去就是这些。
- 2081488520 - 打视频,有了网就不费钱。
- 2081488521 - 我的手机用得比较少一点,因为在家又带孩子又干吗的,这是我女儿给我买的,还是新的。我平常就是玩一玩微信,看一看新闻,给孩子打打电话,跟孩子唠唠嗑在手机上,这也不要钱,很方便的。我的手机一般都是家常用,给孩子打打电话,我又是孩子又是孙子,他们来个电话,微信上聊聊天,挺方便的。

独居老人的"数字鸿沟"和社会融合问题更加严重:一则出于对互联网的陌生而产生的焦躁情绪;二则为网络沉迷,即过于依赖互联网而恶化社会关系（韦大伟，2012）。在家庭中，家人的态度也会影响老年人对互联网的兴趣，"在没有使用互联网的老年人中，约30%的老年人由于家庭成员不支持而最终放弃"。

网络沟通作为最便捷的沟通方式，尤其对于不与子女共同生活的老人来讲，发信息、打电话、视频聊天等往往能够冲破距离的阻隔，增进父母和子女之间的情感交流，帮助父母学习使用手机往往也能增进亲子关系。

数据显示，在学会使用网络之后，近2/3的被访老年人认为自己和子女的互动及交流情况变得更好，占比62.34%。但也有35.76%的被访老年人表示学会使用网络对其亲子关系变化影响不大，与子女的互动及交流情况没有什么变化。相反，仅1.90%的被访老年人认为自己和子女的互动及交流情况变得更差。这说明从总体上来看，学会使用网络对亲子关系的变化有一定积极影响，这与以往研究结论保持一致。

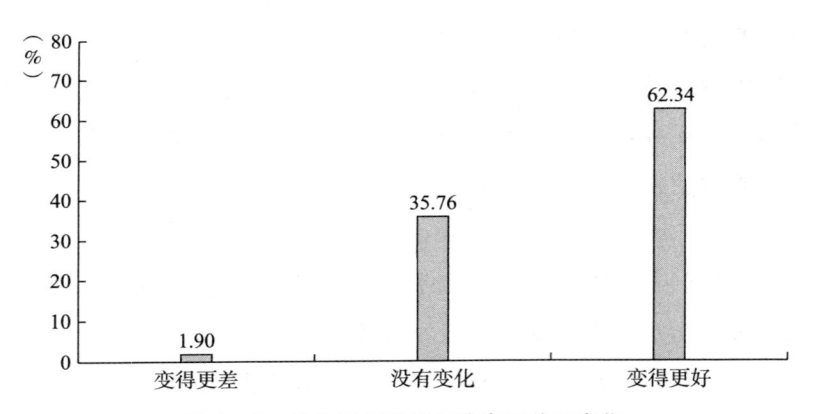

图4-6 学会使用网络后的亲子关系变化

（九）家庭支持

很多时候，老年人开始使用互联网是由子女和孙辈促成的，Korupp 和 Marc（2005）发现有孩子或青少年的家庭更有可能有电脑和互联网接入。Compeau 和 Higgins（1995）发现，与使用电脑出现问题时的专业支持或在线帮助相比，来自家庭和朋友的私人支持与老年人使用互联网的相关性更强。研究团队在访谈中发现，大部分老年人家中的 Wi-Fi 均为子辈或者孙辈安装的，有的老年人即使自己不用 Wi-Fi，为了让子女或孙辈在家里方便上网，也都安装了 Wi-Fi。而在访谈中老年人谈到最多的就是"我儿子/女儿帮我弄""我想做什么叫我儿子/女儿在手机上操作""都是我儿子/女儿让我用手机""他们教我用"。但是家庭成员的代劳会成为老年人数字化的替换方案，会挤压老年人的数字化发展空间。此外，由于数字技术可能会带来病毒、隐私问题和欺诈等风险，年轻人会认为老年人是此类风险的易感群体，从而减少对老年人数字使用的支持，导致"数字鸿沟"进一步扩大（Friemel，2016）。所以有时候家庭的过度帮助反而不利于老年人的互联网使用。

现实中，亲缘关系的非正式支持对老年人数字能力的作用也需要引起关注，家庭反哺、亲友互助和社会支持不足会造成老年人难以融入互联网社会。研究发现，老年人的信息技术水平与亲密关系的支持以及信息资源和文教投入有密切关系，子代的反哺和亲友邻里的支持能够有效提高老年人的数字素养。但在现实生活中面对信息化的新鲜事物，老年人向子代求助时往往不能得到有效支持，这导致老年人在融入互联网生活的过程中失去动力（黄晨熹，2020）。

—2081488522—不是不懂，你教慢一点儿，再讲一遍。他就讲一遍，怎么还不懂？讲两遍怎么还不懂？他没有耐心。他没耐心，我就没有耐心了，不讲就算了，差不多打发时间就算了。但是从我内心来讲，我还想多学点东西，学点东西记在大脑里也没有什么坏处。我感觉，手机上有好多网页也在教我们怎么用，我也比较感兴趣，但是他们讲得太快了，点这个点那个。当时懂了，屏幕一过去，又没有印象。我想到新华书店有没有卖这方面的书，我去看看，我不懂的翻翻书能看看也行。我也没到新华书店，我也不知道有没有卖这方面的书，想学，但是也没有个讲座，也没有卖这方面的知识。或者把基本的功能宣传宣传，打印出来以后我们能看，不会了我们能翻书看，慢慢学，我们就可以学会，哪怕忘了再学一遍。讲点这个点那个，点过就忘了，光学学不进去。不是学不进去，太快，当时就会了，到用的时候又忘了，就是这样一个情况。比如讲，要有宣传资料，这个这样那样，我们能翻过来看，那就学，自己能慢慢学，点哪个点哪个，出什么，再点什么，我们慢慢学，也不是学不会。关键就是没有人来宣传这方面的知识，宣传得不够。

-2081488523 - 这个大家都理解，谁都有谁的生活方式，小孩儿有小孩儿的生活。你光叫人家跟你说话，人家也没时间跟你说。

数据显示，大多数被访老年人能在使用手机应用时获得家庭支持是老年人使用网络的主要支撑。父母在使用手机的时候经常会遇到问题，当遇到问题时寻求帮助的第一选择是子女（安利利、王兆鑫，2020）。但在老年人学习使用手机这件事情上，有较多的子女对父母的问题都不是很耐心，不愿意花时间给父母介绍。对于忙碌的年轻人来说，在外工作与父母分别时间较长，沟通较少，当父母在使用智能手机遇到问题打电话来寻求帮助的时候，往往难以讲解清楚。

数据也显示，在生活中，57.12%的被访老年人表示其子女只是偶尔帮助其学习各种手机应用，给父母的支持相对有限。27.37%的被访老年人表示其子女会经常帮助其学习各种手机应用，总是帮父母解决问题的子女占比7.12%。因此保持较高频率帮助父母学习各种手机应用的子女比例仅有约1/3（34.49%）。

此外，从不帮助被访老年人学习各种手机应用的子女数量较少，占比为8.39%。

（十）社会参与

在当下社会，网上社区能够更好地调整邻里交往方式，增进邻里亲密关系。互联网的非同时性能够支持两人及以上的多人互动，这具备了公共场所的特征，尽管互联网并未直接促使邻里交往增进，却为其提供了便捷化的技术支持。因此，有网络连接的居民相较于不上网的居民

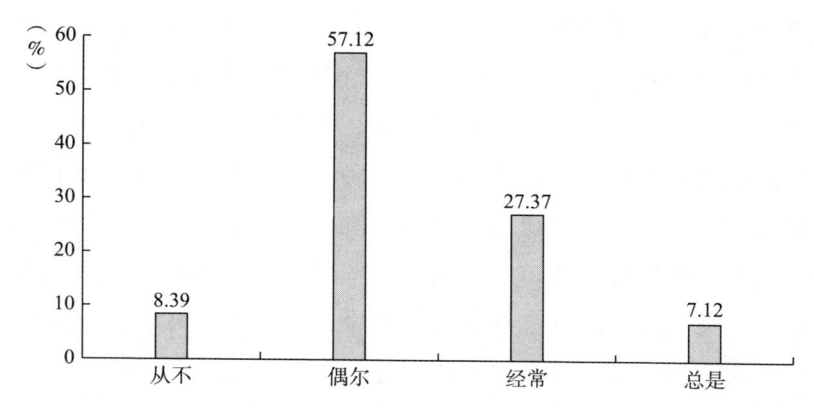

```
(%) 60                    57.12
    50
    40
    30                            27.37
    20
    10  8.39
                                          7.12
     0
       从不    偶尔    经常    总是
```

图 4-7 子女是否帮老年人学习各种手机应用

能够认识更多邻居，与更多邻居交谈，拥有更多弱关系（Hampton and Wellman，2003）。

Robinson 等的调查研究表明，互联网对社会交往的影响更类似于改善社会交往关系的电话，而不是置换社会交往时间的电视。没有证据表明互联网造成了人们对传统媒体使用的减少；相反，电脑用户在使用其他媒体方面的频率至少与非电脑用户持平，并有可能更高（Robinson et al.，2000）。DiMaggio 和 Bonikowski 总结了三种数字能力的支持力量，分别是受雇人员提供的技术支持（例如工作场所支持人员、客户支持人员、图书馆员和教师）、来自朋友和家人的技术援助以及来自朋友和家人的情感强化。即当事情出错时，他们会同情；当事情进展顺利时，他们会积极关注（DiMaggio and Bonikowski，2008）。

随着移动设备等技术的普及，朋辈群体的压力会使老年人在社交过程中不得不遵守连通性的社会规范，以避免出现社交反应迟钝（Hsieh et al.，2011）。朋辈群体对老年人数字能力的影响具有双向流动、理解互通的特征，作用机制共有三种（蒋俏蕾等，2021）。首先，作为老年人模仿的参照物。法国社会学家塔尔德认为，发明、模仿和对立是社会发展的三个重要阶段，而"模仿是最基本的社会现象"。通过社会交往互动，模仿性传播得以进行，而这种模仿行为也是新技术传播扩散的重要机制。依据塔尔德的模仿理论，模仿可分为无意识模仿和有意识模仿。

由于高频率接触与深层次交往，老年人在与朋辈群体相处中，会不自知地受对方行为和观念影响，无意识地进行模仿，对其抛却陈旧观念有重要意义。在使用数字技术的朋辈影响下，老年人对于技术的有用性和易用性判断正潜移默化地发生改变。而这种态度转变也是老年人产生接入和使用行为的前提。有意识的模仿行为是基于对参考对象和榜样行为的思考和选择。在接触新技术时，老年人为了降低不确定性往往会参考社交圈中影响力大的人的意见和看法。虽然子女也是其中重要的参考对象，但因年龄跨度和认知鸿沟，老年人所遇的特殊问题与障碍，身为数字原住民的子女可能完全无法体会，而同龄人相似的成长背景、人生经历和认知水平，使他们面对新生事物时易产生类似的困惑，朋辈群体的使用经验对老年人更有借鉴意义。

其次，形成社交中的规范压力。制度理论认为，如果采取某种行为的人越多，那么个体就越可能复制该种行为。这背后其实是群体规范在起作用，来自人们对群体一致性观念与行为的感知。当身边越来越多的同龄人选择拥抱新技术，开始使用智能手机、微信与网络世界产生联系，老年人就会感知到自己所处的社交圈层中出现了一种无形的规范，若违背该规范，则要承受不合群的压力，这种与社交圈中的朋友们保持一致的心理需求，会驱使老年人产生学习动力，尝试接受新技术。有学者也提出促进老年人互联网学习的最好办法就是成立同龄人学习俱乐部。因为同龄人之间的相似性和可参考性为社会比较提供了基础，在与朋辈群体互动学习的过程中，老年人之间也会出现竞争心理，尤其是对于那些自我意识及好胜心较强的老年人来说，在数字技术使用上的落后，会激发其改变自我行为的欲望和需求。当这种比较是稳定持续的并建立在良好的社交互动机制上时，其能够帮助老年人在压力之下不断延伸自己的互联网使用宽度和广度。

最后，提供数字技术融入的支持。社会支持可分为物质、情感和信息性支持等。除了物质和经济支持主要由子女提供外，朋友、同龄人的帮助作为老年人的精神慰藉，能为其数字化融入提供丰富情感和信息性支持。一方面，出于地缘上的邻近性，在老年人学习使用数字技术的过程中，以邻居为代表的朋辈群体能够经常提供说明、分享新事物，这成为老年人与外部世界联系的重要接口和信息来源。以智能手机为例，许多老人最初在子女指导下开始使用微信，但这种代际反哺多停留在基本功能的传授上，对手机新应用、新功能的探索欲望多是在与朋友的交往互动中激发的，如微信小程序的相册制作功能，老年人可能是在旅游途中从同龄"旅友"那里获知的。另一方面，由于心理上的接近性，朋辈支持对老年人的积极心理发挥着更大作用，不仅可以缓解老年人在面对技术变革时的恐慌感，给予其鼓励与情感支持；还可以消除学习互联网使用的心理障碍，增强老年人的自我效能。虽然老年人的朋辈群体对数字技术的熟练程度不如年轻人，但他们对数字技术的学习和使用，对周边老年人的心理震动和冲击远大于来自子女的。朋辈群体的成功经验能减少他们的不安和排斥心理，并向其证明老年人群体仍可以在数字变革中找寻到自己的位置，增强其在新技术学习上的效能感。

- 2081488524 - 没有疫情之前不咋看（手机），我也不太会买。我看朋友她们买啥，需要，我就跟上。不认识的不敢拼，不知道怎么回事，我的圈都是我认识的。

- 2081488525 - 年龄相近的老朋友里边有用得特别好的，平时有什么问题就会找她问一问。我不会用，就她帮我整。"你就不能学呀？"我说"我不用学，有你就行了"，反正不会我就找她。

- 2081488526 - 同事之间就得问了，比如说他打电话告诉我，发给我短信了，我不知道他就来电话问我，说你怎么不知道，我说没看着呢，老师之间就告诉你了，你点哪个你怎么样，可以按照这种方法去点，互相都是学习。

另外，互联网和信息化技术普及相对滞后，特别是在老年人群体中，适应老年人特性的互联网和信息化技术普及力度不足是老年人"数字鸿沟"形成的重要因素。目前针对老年人的互联网和信息化技术普及存在技能培训课程覆盖面很窄，甚至完全缺失的问题。同样，城乡老人之间也存在因农村网络科技普及和信息科技服务缺失而导致的"数字鸿沟"。

　　-2081488528-去老年大学上学不方便，现在老年大学实行两种：一种是网上报名，另一种是现场报名。但是网上报名得抢，一个班级（名额）是10个，网上报名，马上人家就抢了。你不会的呢，你就抢不上了，你就报不了这个班了。所以这个问题也挺闹腾的，你说是不是闹腾？假如说抢这个班，都盯着，你慢了，就抢不到，所以你就报不进去了，这个挺闹腾。

　　研究团队对受访者的问卷调查也印证了家庭支持和社会支持是老年人学习、使用互联网最主要的途径。针对老年人在日常生活中的互联网使用困难，政府积极出台关于切实解决老年人运用智能技术困难的各类实施方案，发动老年人儿女、亲友及邻里提供非正式的支持，同时也鼓励村/居委会、老年协会等正式的社会支持来为老年人提供数字技术的学习和应用帮助，帮助老年人共享信息化发展成果。与此同时，家庭也最大限度地发挥了支持的作用，子女通过自己的知识、技能，教父母学会使用手机、上网等，实现了代际的"反哺"。

　　数据显示，大多数被访老年人通过自学或子女教授获得了手机使用帮助，家庭支持仍然是老年人学习、使用互联网最主要的渠道。当问及谁会向自己提供培训和帮助等社会支持时，65.35%的被访老年人表示子女会教自己使用智能手机和互联网，子女是老年人最信赖的人，他们遇到手机操作上的困难时更愿意去找子女帮忙。但是，子女忙于工作、对父母的问题和需求不耐烦等情况依然存在，所以也有很多老年人习惯于自己摸索手机的使用方法。有61.71%的被访老年人表示自己摸索智能手机和互联网的使用，部分老年人（12.18%）会让配偶教自己使用。因此，子女帮助和自己学习是被访老年人接受培训和获得帮助最常见的两种方式。

从社会支持来看，前述第三章中的相关分析已表明，老年人学习的途径主要来自熟人关系，如亲朋邻里、同学故交等。23.10%的被访老年人表示朋友和邻居会教自己使用手机和互联网，17.41%的被访老年人表示同事或同学会教自己使用手机和互联网。还有一小部分的被访老年人通过其他途径获取培训和帮助，如亲戚（7.75%）。

此外，熟人社会中的一些社会关系，也是老年人学习使用手机和互联网的重要途径。由于存在一定的业务往来，老年人会与手机销售人员、电信营业厅员工、银行柜员等社会服务人员打交道，进而建立一定的社会联系。12.03%的被访老年人表示营业厅服务人员会教自己使用手机和互联网。

相比之下，通过社区和志愿者学习使用手机和互联网的老人只是少数，仅4.75%的被访老年人曾接触过社区老年活动中心老师的培训，仅3.96%的被访老年人接触过帮助熟悉手机操作的志愿者。这个现象与课题组实地调研访谈中的发现基本一致。这说明，老年人使用手机和互联网的社会支持主要还是局限于家庭内部或熟人圈。社区层面的社会支持、培训，对于老年人学习使用手机和互联网来说仍然是不充分的，有较大的提升空间。志愿服务的帮助体系还未建立起来。考虑到子女可能在外地或是工作较忙，要想帮助更多老年人尽快融入互联网社会，稳定的社区和志愿服务助老体系的建立可能是未来的发展之路。

总体上看，参加各类机构组织的培训班的老年人数量并不多，一方面是因为开展的培训活动太少，另一方面是因为各类机构对这方面关注不足。具体来看，老年大学是教授老年人学习使用手机和互联网的最主要机构。老年大学中有专门教授老年人学习智能手机应用的"智能手机使用"课程，帮助老年人学会网上购物、生活缴费、出示健康码等，让老年人也能融入智能时代。但落实效果目前仍不太明显，参与人数占比仅有14.87%。

居民自主学习也是一个主要途径，部分本地居民会自发组织成立培训班，参与人数占比为10.44%。有一部分被访老年人参与过村委会和居委会组织的培训班，这部分人占被访总人数的8.23%。此外，有少数人参加

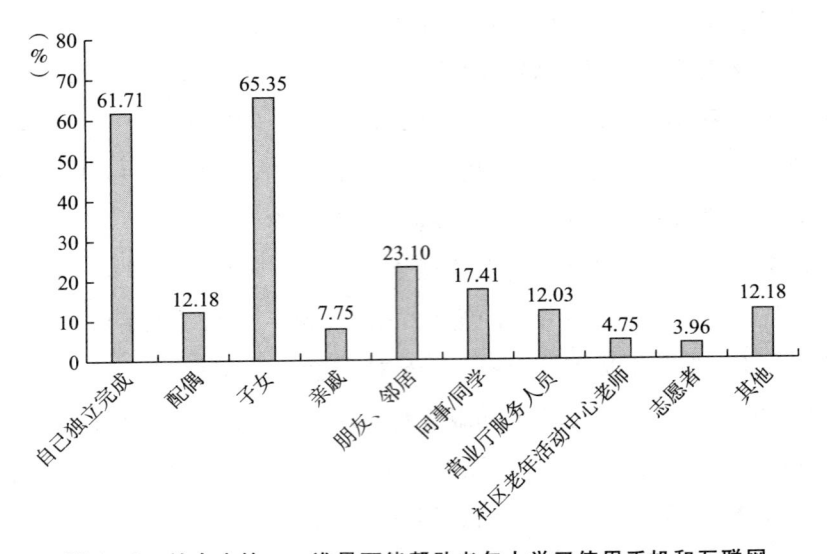

图 4-8　社会支持——谁最可能帮助老年人学习使用手机和互联网

过志愿者或志愿服务组织的培训班（4.43%）、工青妇等群团组织的培训班（1.90%）、本地大学生组织的培训班（0.47%）。还有21.68%的被访老年人参与过其他各种不同形式的机构、人员专门组织的培训班来学习使用手机、电脑等智能设备。

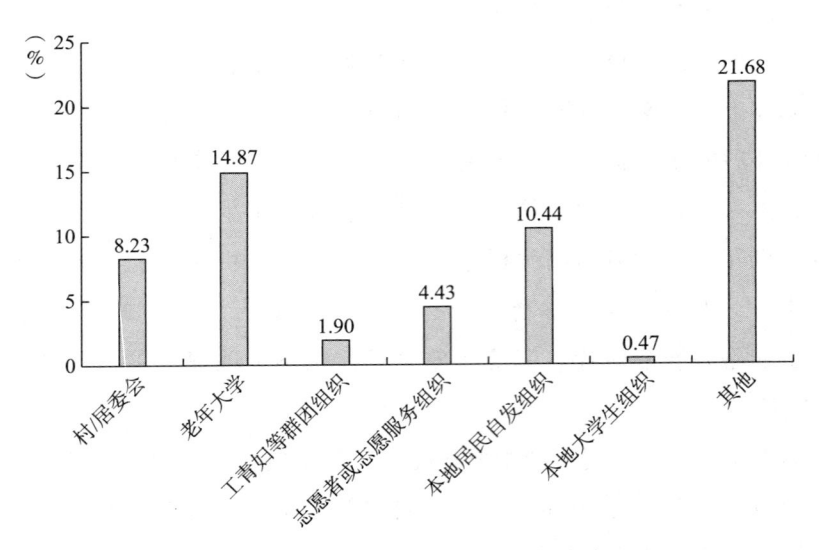

图 4-9　培训老年人使用手机和互联网的机构

三 影响数字分层的内生变量

（一）老年人的网络主体性

作为网络生活中的行动主体，我们可以根据行动的自主程度将老年人分为两类：完全自主的个体与不完全自主的个体。对自主程度进行划分，是因为考虑到中国情境下老年人使用网络的一些实际情况。对于互联网这样较新的事物，他们的行为在很大程度上受到了家庭中子女或者其他外界因素的影响。子女会命令式地告诉他们哪些操作可以进行、哪些功能可能使用。他们虽然会对老年人的上网行为进行指导，但是同时亦会带来消极的后果，会以牺牲互联网的开放性和可能性的体验为代价。

完全自主的个体是指有充足的能力和强烈的意愿掌控互联网生活并采取行动的老年人。以网络购物为代表，老年人有自己的网银或者支付宝账户，可以通过网络来满足自己的需求。反之，还存在另一种情况，即自主选择不注册使用网银或支付宝账号。

不完全自主的个体是指受到包括子女、配偶在内的外界限制而不能完全自主控制互联网行为的老年人。来自外界的力量限定了自己的互联网使用范围和程度，类似于一个"画网为牢"的过程。一个明显的例子是，老年人不能掌控微信支付或者支付宝账户，网络需求及消费通过被代理的形式来实现。当然，这里也提出了经济自主权与决策自主权之间是否一致的问题。

在中国，不完全自主的个体居多可能是一个较为普遍的现象，在日常生活中，老年人通常被视为需要被重点关注和照顾的对象，同时也被假定为掌握互联网技能的弱者。老年人的互联网行为，既受来自子女的压力的影响，也受社会和互联网整体观感的影响。为了避免风险，老年人往往选择与互联网保持一定的距离。这么做固然可以使老年人处在安全保护的屏障之下，但是同时也限制了他们对互联网世界的进一步开发和想象。尤其是互联网技术在日常生活中广泛渗透,移动端推出的服务和应用覆盖了社会生活中从出行到医疗的方方面面。因而,对老年人使用互联网进行限制,存在矫枉过正的可能。过度的保护在屏蔽了风险的同时,亦使老年人放弃了对互联网的积极尝试。来自外界的各种各样的限制意味着,老年人的互联网行为实际更像一种集体参与。在这一过程中,老年人虽然会有具体的应用操作,但他们更像一个个指令执行者和被代理者,由他人指引和提供决策,而不是自我需求的表达者。这种类型的老年人需要拥有对网络生活的行动愿景,而不是在网络世界的入口处徘徊和止步不前。更重要的地方还在于,在表达和满足自身需求的时候,互联网应该成为老年人可以借助和使用的对象。

另外,信息是互联网重要的组成部分,互联网的发展本身也被视为一种通信技术的发展。对老年人而言,网络生活的行动愿景与老年人的信息角色和行为存在密切的关联。我们可以根据他们的信息能力和信息来源,将老年人分为信息的创造者和接收者两类。

第一类是信息创造者,表现出较强的主动性,例如会在互联网上创造内容:写博客、剧本,制作图片相册、表情包,甚至提供服务。这成为互联网上一种独特的存在,并且这些内容会表达这一代际群体自身的意识形态与美学偏好。值得注意的是,对老年人而言,信息创造并不是出于职业或者工作的需要,作为信息或者内容的创造者,一方面它固然体现了自我表达的特征,另一方面它也总是对应了各自的接收者和阅读者,以至于它需要基于一定的关系网络才具有意义。因而,信息创造在这里表现出极强的社交性特征。

第二类是信息接收者,老年人不会或者并不主动在互联网上创造内容,对于互联网上的信息,他们以选择服务、阅读和转发为主,是单纯的受众和阅读者。同时,接收者角色又可以根据各自的信息能力进一步被划分为主动接收者和被动接收者。

主动接收者。这类老年人会根据自己的需要利用软件和网站寻找信息、商品和服务。这种类型的老年人熟悉手机和电脑的输入法,可以熟练地运用搜索引擎寻找和过滤信息内容。在具体的情境中，往往表现出工具理性的特征。例如，在出行前查询地图和路线，通过关键词寻找自己感兴趣的内容，在网络购物中搜索和比较商品。在一定程度上，互联网成为他们日常生活的赋能工具。

被动接收者。这类老年人不具备自主寻找信息的能力，信息能力相对而言较弱，只能接收推送或者转发的信息。这类信息一般来自社交软件所推送的内容，老年人在使用软件的时候衍生出阅读行为。当然，这种被动角色并不意味着老年人完全对信息免疫。事实上，阅读推送的新闻信息或者朋友圈里转发的内容，可能会逐渐成为一种例行性的行为，乃至成为用户的操作习惯。从这个意义上而言，他们实际上也是需要信息和需要阅读的群体。而这种行为的局限性则在于信息来源有限，限制了老年人对互联网潜能的感受和体验。

（二）老年人网络生活的行动愿景

就网络生活的行动愿景而言，早些年老年人的行动愿景范围较为有限。一方面，他们对互联网保持相对保守的姿态，对其的理解和想象也持疑虑的态度，并没有将它视为一种具有改变潜能的积极力量；另一方面，信息能力束缚了他们在网络世界中的行动，使他们处于一种静待无为的状态。这种主观上的保守心态和客观上信息能力较弱的情况结合在一起，显然构成了老年人参与互联网生活、享受互联网便利的不利因素，乃至看上去就像一条消极的因果链条。老年人群体需要被赋予被动接收者的信息能力，使他们体验和感受到互联网世界所具有的积极潜能，从而形成一种良性机制，进一步促进他们提出在网络生活中的行动愿景，促成积极良性的循环。研究团队的访谈和问卷调查结果发现，大部分的受访老年人集中在不完全自主的类别和信息接收者的类别。

首先，互联网已经深深地融入老年人的日常生活中，并改变了老年人的生活，因此老年人使用网络最主要是为了生活的便利。在互联网技术飞速发展的现在，尤其是疫情期间，老年人若是被置于网络世界之外，将会感到更无所适从。帮助老年人学会使用健康码以便出入公共场所，帮助他们学会公交、高铁等线上购票，帮助他们学会电话约车，能使老年人的生活更加便捷、顺利。其中，有41.29%的老年人认为，日常出行不会手机操作的话，会很不方便。而疫情之后，有44.46%的老年人认为没有网络生活特别不方便，有更多的老年人被卷入网络世界中。有38.92%的老年人认为，如果不会手机上网，会给生活缴费和网络购物带来不便。

其次，互联网提供了丰富的娱乐活动和多样的社交方式。因此，部分老年人使用网络是为了丰富生活、保持社交和联络。有39.72%的老年人认为如果不上网，自己的生活就不会丰富多彩。而37.03%的老年人认为如果不上网，自己和朋友就不会经常联络，会逐渐失去参与社会的联系纽带。

最后，老年人网络使用的社会支持网络越来越发达，老年人的数字权益越来越能够得到保障。在疫情之后，尽管相当大比例的老年人认为，没有网络会使生活更为不便，但老年人如果需要帮助时，也会获得充分的帮助，尤其是在就医和健康码扫码登记方面。其中，只有22.15%的受访者较多地遇到了看病不会手机预约，很难找到工作人员帮助的情况。而进出公共场所，不会用手机出示健康码很难找到别人帮助的老年人的比例仅有18.99%。这表明了对老年人的社会支持体系越来越完善，配套措施越来越周全。

总体来看，老年人使用智能手机和网络的主要用途是生活、社交及购物。随着中央媒体对老年人在网络社会中的处境的关注，工信部等部门出台了一系列文件敦促企业完成网络适老化改造。社会各界对老年人权益的日益重视，使得老年人的网络权益得到了越来越好的保障，他们以往较为保守的网络生活的行动愿景可能由此变得更加开放。

（三）学习态度的持续影响

文化资本包括身体上和精神上持久性的状态。老年人的心态和养老

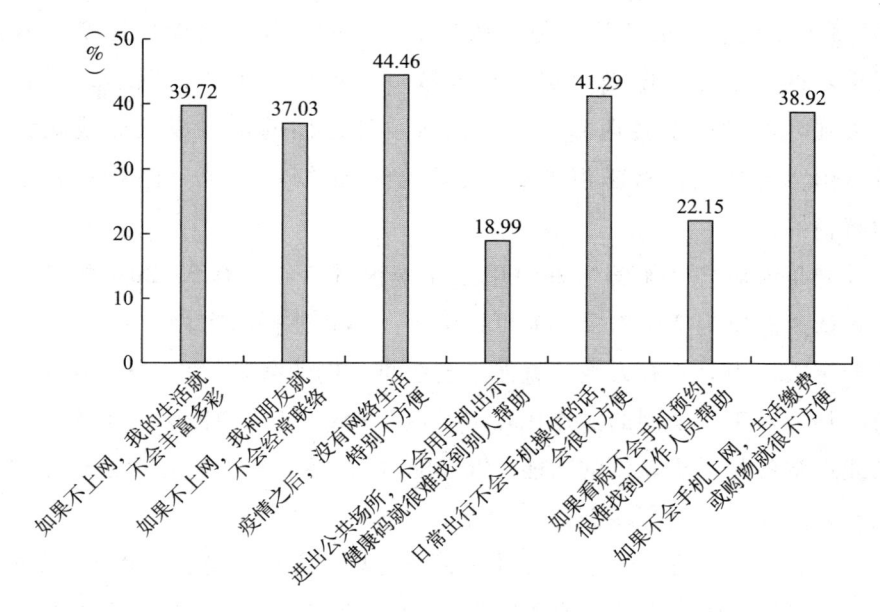

观点等惯习会直接影响其使用互联网的状况。

```
 50 ┤
    │   39.72        44.46              41.29
 40 ┤  ┌──┐  37.03  ┌──┐              ┌──┐         38.92
    │  │  │  ┌──┐   │  │              │  │        ┌──┐
 30 ┤  │  │  │  │   │  │              │  │        │  │
    │  │  │  │  │   │  │              │  │  22.15 │  │
 20 ┤  │  │  │  │   │  │  18.99       │  │  ┌──┐  │  │
    │  │  │  │  │   │  │  ┌──┐        │  │  │  │  │  │
 10 ┤  │  │  │  │   │  │  │  │        │  │  │  │  │  │
    │  │  │  │  │   │  │  │  │        │  │  │  │  │  │
  0 ┴──┴──┴──┴──┴───┴──┴──┴──┴────────┴──┴──┴──┴──┴──┴
```

如果不上网，我的生活就不会丰富多彩｜如果不上网，我和朋友就不会经常联络｜疫情之后，没有网络生活特别不方便｜进出公共场所，不会用手机出示健康码就很难找到别人帮助｜日常出行不会手机操作的话，会很不方便｜如果看病不会手机预约，很难找到工作人员帮助｜如果不会手机上网，生活缴费或购物就很不方便

图 4-10 老年人对互联网的需求

老年人在退休后，逐渐与社会"脱嵌"，社会角色和家庭角色都逐渐边缘化，对自我的信心也越发不足。而互联网在一定程度上可以丰富老年人的日常活动，给老年人的生活、社交带来便利；同时，有助于老年人恢复以往的社会纽带，重新建立、强化跟社会的联系，增强老年人的效能感。

结合前述第三章中对信息观的分析，我们可以发现，几乎所有的被访老年人都对互联网的作用持肯定态度。互联网是时代的产物，能够帮助被访老年人建立起与世界的各种联系，有 97.62% 的被访老年人赞同"互联网让我跟上了时代"这一说法。

互联网的发展给被访老年人的生活带来了新的精彩，让他们对生活更加憧憬，让他们觉得人生依然有趣。有 97.15% 的被访老年人认为"学会手机上网后，我的娱乐生活更丰富了"，以及 97.47% 的被访老年人认为"学会手机上网让我的生活变得更有趣了"。在几乎所有的被访老年人眼中，互联网让老年人更加自信、更有干劲。96.20% 的被访老年

人认为使用互联网让自己更有自信，此外，96.05%的被访老年人赞成"活到老学到老"的说法，他们认为手机上的各种网络操作还是很有必要学习的。学习态度是影响老年人数字分层非常重要的因素，尽管老年人在学习过程中会遇到诸多的困难，且他们的学习成长曲线较为曲折，但只要持续保持学习的心态，学会使用智能手机上网并不是很难的事情。

老年人对自己能够学好使用互联网很有信心，有93.36%的被访老年人认为只要生活中需要，就可以学会使用智能手机上网；89.87%的被访老年人认为只要有人教，就能学会手机上网的各种操作；86.24%的被访老年人对手机上网的操作比较得心应手；85.75%的被访老年人认为自己能理解各种手机软件的功能；96.36%的被访老年人同意"手机上网让人与人之间联络更方便"这一观点。

仍有近半数的被访老年人对互联网有某些方面的意见，例如64.40%的被访老年人认为使用互联网耗费太多时间和精力。还有近半数的被访老年人有使用互联网的不良体验，例如53.16%的被访老年人认为学不会手机上网让自己觉得沮丧。

小部分的被访老年人不看好互联网时代，有23.58%的被访老年人认为不用智能手机的时候烦恼更少，10.92%的被访老年人还是怀念以前不用智能手机的生活。

也有小部分的被访老年人对学会使用互联网不太自信，有14.72%的被访老年人认为必须有高学历才能玩得好智能手机，有9.97%的被访老年人认为互联网是年轻人的事情而老年人肯定玩不好。

有更小一部分老年人认为学会使用互联网的作用不大，自己可以通过家人很好地生活。9.33%的被访老年人认为寻找帮助很容易，所以不学手机上网也没什么问题；有8.06%的被访老年人认为老伴会用手机上网就行了，所以自己不需要再学习使用互联网；有7.91%的被访老年人认为平时家里需要上网的事儿都是孩子来做，所以自己也就不用学习使用网络了。

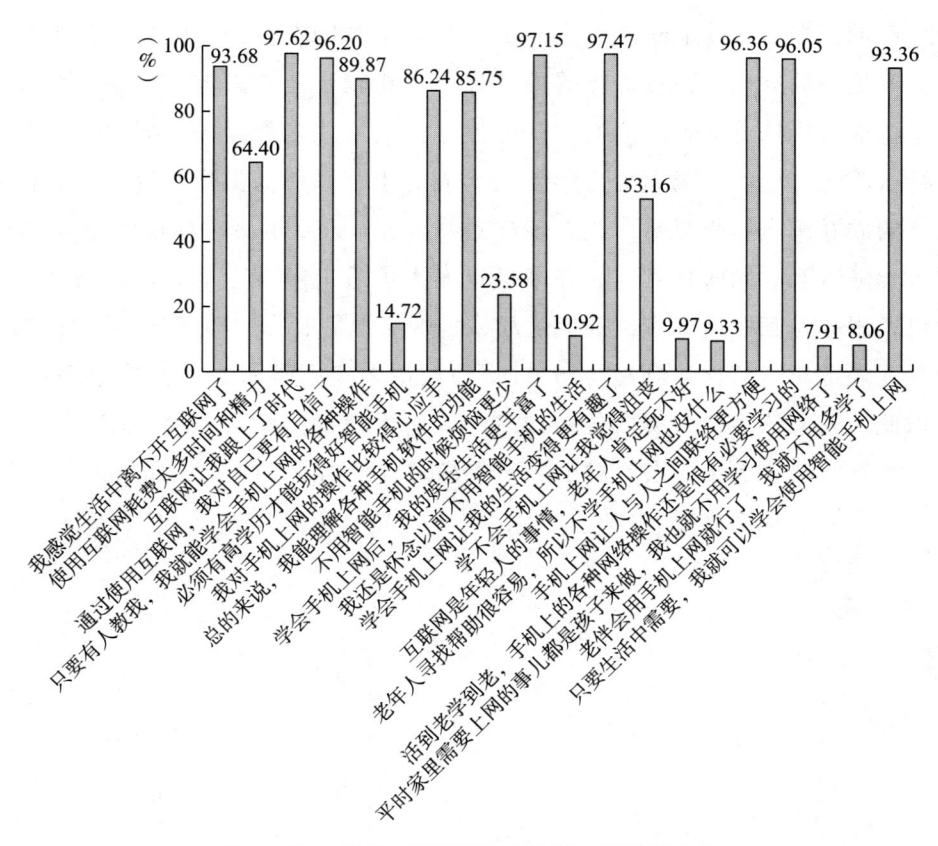

第四章 · 老年人数字分层的影响因素 || 099

图 4-11 老年人对互联网的态度、行为及认知

（四）老年人的生活满意度

养老文化是"社会文化的重要组成部分，它主要是指家庭或社会在为老年人提供物质赡养、生活照料、精神慰藉等养老资源方面的思想观念、社会伦理、价值取向和制度规范"（金耀基，2010）。杨芳（2017）建立了态度、需求、方式三个维度的养老观分析框架。其中，态度分为"积极、消极、开放、保守"，需求分为"生理需求、安全需求、社交需求、尊重需求、自我实现需求"，养老方式根据养老场所可划分为"居家养老、社区养老、机构养老、其他养老方式"四类。研究表明，相对于老年人对养老生活的顺其自然，青年人和中年人更加注重对个人老

生活的规划，对待老年生活具有更加积极主动的态度，对晚年生活质量有着更高的要求。在养老方式的选择上，相较于老年人群体，中年和青年群体对机构养老方式略有青睐，但总体上三代人都倾向于居家养老和社区养老方式。养老观念会影响老年人对于互联网的拥抱程度。研究团队的问卷调查结果显示，绝大多数的被访老年人对生活的满意度较高。

随着互联网时代到来，许多老年人逐步适应网络生活并使用智能手机及服务，互联网既带给他们挑战，也带给他们精彩。64.87%的被访老年人表示对生活比较满意，29.11%的被访老年人表示对生活非常满意，由此，我们认为绝大多数的被访老年人对生活的满意度较高。相反，有4.91%的被访老年人表示对生活不太满意，仅有1.11%的被访老年人表示对生活非常不满意。

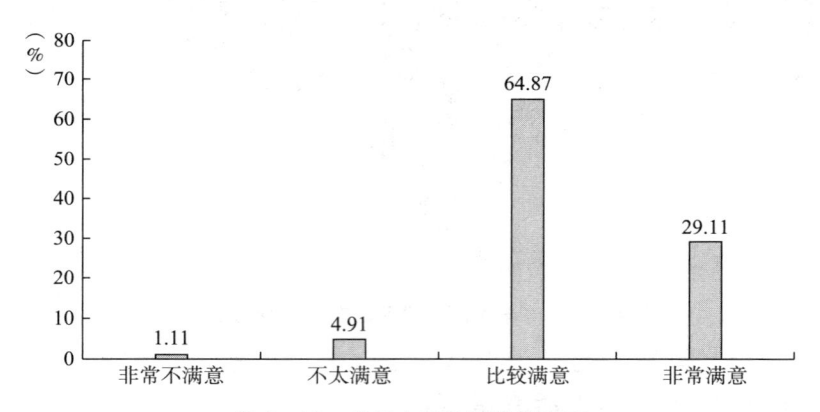

图 4－12　老年人对生活的满意度

调研还发现，使用智能手机和网络产品能够在一定程度上提升老年人的生活满意度。如第三章所述，主动和被动拥抱互联网社会的老年人，都是信息能力较强、使用互联网应用较多的老年人。老年人在数字分层中的信息能力层级越高，他们的生活满意度也就越高。

（五）数字生活的嵌入程度

人在生活中，主要看重几个方面：健康、家庭和睦、经济价值的实现、社交以及自我在老年阶段的价值实现等。在互联网时代，人们所看重的事情深刻地受到了数字生活嵌入程度的影响。总的来讲，数字生活嵌入程度较深、能够主动拥抱互联网的老年人，在心态上更为乐观积极，对自己的能力也更为自信，因而对事物的看法更为积极，评分较高。

第一，进入老年阶段后，身体机能会逐渐发生退化，并且可能会出现免疫系统功能逐渐衰退、消化能力下降等问题。随着时间的推移，逐渐衰老的老年人的体力、脑力以及反应能力都会不如年轻人，因此老年人更加看重自己健康的体魄。几乎所有被访老年人都认可健康的重要性，占到了总人数的 99.37%。从数字分层的四个类型来看，主动远离型老年人对身体健康的认知程度是最低（95.52%）的，因而不认可身体健康重要性的老年人更有可能主动远离互联网社会。

第二，老年人非常关注自己在退休之后能否有效地实现自己的价值。95.41% 的被访老年人认为独立、自主是重要的指标，老年人的生活方式是年轻时生活方式的延续，人到老年往往活得更通透，他们不愿去麻烦别人，更注重独立性、自主性。另外，91.61% 的被访老年人认为对于自己来说能实现自己的兴趣爱好也是重要的。从数字分层类型来看，主动拥抱型老年人更认可独立、自主的生活方式（98.09%），而其他三个类型差异并不明显。主动拥抱型老年人也更认可实现自己的兴趣爱好（95.86%）。因此，老年人对互联网的积极态度和认知与自身价值实现具有较强的正向关系，二者会有相互强化的作用。

第三，经济独立是老年人主要考虑的事项，92.56% 的被访老年人把经济条件好看作重要的事。有了好的经济基础，才能更好地实现自己的想法，以及更好地度过老年生活。可以看到，主动拥抱型老年人更认可经济条件的重要性（95.86%），而主动远离型老年人更加不认可经济条件的重要性（85.07%）。

表 4-2　数字分层类型和老年人对重要事情的认知

单位：%

老年人对重要事情的认知	被动拥抱型	主动远离型	被动远离型	主动拥抱型	总体
身体健康	100.00	95.52	99.28	100.00	99.37

续表

老年人对重要事情的认知	被动拥抱型	主动远离型	被动远离型	主动拥抱型	总体
经济条件好	89.29	85.07	91.37	95.86	92.56
子女陪伴或儿孙环绕	75.00	71.64	64.03	60.19	64.87
和朋友相聚、相伴	72.32	76.12	66.19	77.71	74.05
了解新资讯和知识	83.04	74.63	72.66	87.26	81.96
跟上网络时代步伐，不落伍	89.29	76.12	79.86	94.27	88.29
老有所为、发挥余热	79.46	79.10	71.22	85.03	80.38
能实现自己的兴趣爱好	85.71	85.07	89.93	95.86	91.61
独立、自主	93.75	92.54	92.09	98.09	95.41
让年轻人尊重、佩服	76.79	74.63	77.70	75.16	75.95

第四，认为"跟上网络时代步伐，不落伍""了解新资讯和知识""老有所为、发挥余热"很重要的人数占比均在80%以上，占比分别为88.29%、81.96%、80.38%。主动拥抱型老年人认可这三项的比例分别为94.27%、87.26%、85.03%。

第五，认可"让年轻人尊重、佩服"这一选项重要性的被访老年人相对少一些，在总体中占75.95%。而对于其他类型的老年人来讲，让年轻人尊重、佩服是一个基本的要求，故而未体现出明显差异。

第六，老年人对家庭关系和社会关系也较为看重。其中，有64.87%的老年人认为子女陪伴或儿孙环绕比较重要，这个比例在被动拥抱型老年人中高达75.00%。但主动拥抱型老年人更愿意子女或儿孙自由地生活，只有60.19%的主动拥抱型老年人认为子女陪伴或儿孙环绕比较重要。选择"和朋友相聚、相伴"的老年人占比为74.05%。其中，主动拥抱型老年人比例最高，为77.71%；而被动远离型老年人比例最低，仅为66.19%。

（六）老年人养老方式选择

目前，我国的养老方式主要有居家养老、机构养老和社区养老等。老年人对养老方式的选择，受到老年人互联网嵌入性的影响。总的来看，

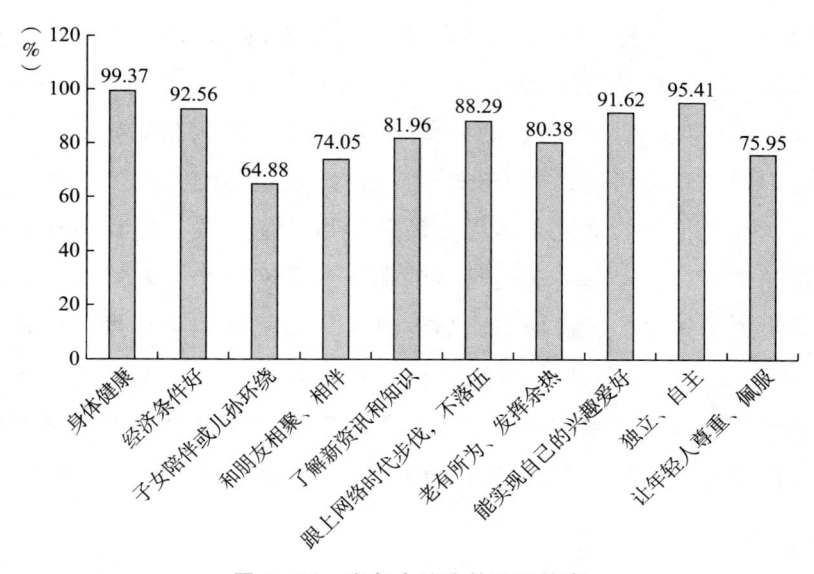

图 4-13 老年人认为的重要的事

互联网嵌入性越强，老年人越倾向于采用非居家养老的形式，即社区养老、机构养老、旅居养老等其他类型的养老形式。

第一，最受被访老年人青睐的养老方式是居家养老，居家养老的优势在于不必使老年人脱离原有的居住环境和社会关系，也方便子女在闲暇时照顾老人，老人的情感需求能够得到充分满足。有 81.01% 的被访老年人认为居家养老是其理想的养老方式。其中，主动远离型老年人选择居家养老的比例最高（85.07%），而主动拥抱型老年人选择居家养老的比例最低（79.94%）。

第二，青睐居家和朋友们抱团养老、社区养老的被访老年人比例相当，分别占总人数的 34.34%、32.59%，位居被访老年人心中理想养老方式的第二和第三。社区养老为居家老年人提供生活照料、家政服务、康复护理和精神慰藉等方面的服务，和朋友们抱团养老也可以相互照应，"老人白天可以被送去社区或是和朋友一起相聚，晚上可以回到家中休息"的模式也得到许多老年人的认可。具体来看，主动拥抱型老年人更倾向于选择和朋友们抱团养老（40.76%）、社区养老（39.81%）等养老形式，而主动远离型老年人则更不倾向于与家人以外的人居住在一起。

第三，倾向于选择旅居养老的被访老年人占总数的 18.51%，倾向于选择养老院等机构养老的被访老年人占总数的 17.72%。在很多老年人看来，"金窝银窝不如自己的草窝"，高档养老院和有趣的旅居经历无法与心中家的意义相比，受养儿防老的传统观念影响，大多数老年人不愿意接受养老机构养老或是居无定所的旅居养老方式。但其中有一个非常有趣的现象，无论是主动还是被动拥抱互联网社会，老年人都可以对外面的世界了解更多，进而对旅居养老表现出更高的接受度。此外，还有 10.44% 的被访老年人有其他理想的养老方式选择。现有的养老模式还有很多地方可以寻求改善和突破，我们应当整合社会资源、完善服务机制、深化服务内涵，探索出新形势下的养老服务模式和发展路径。

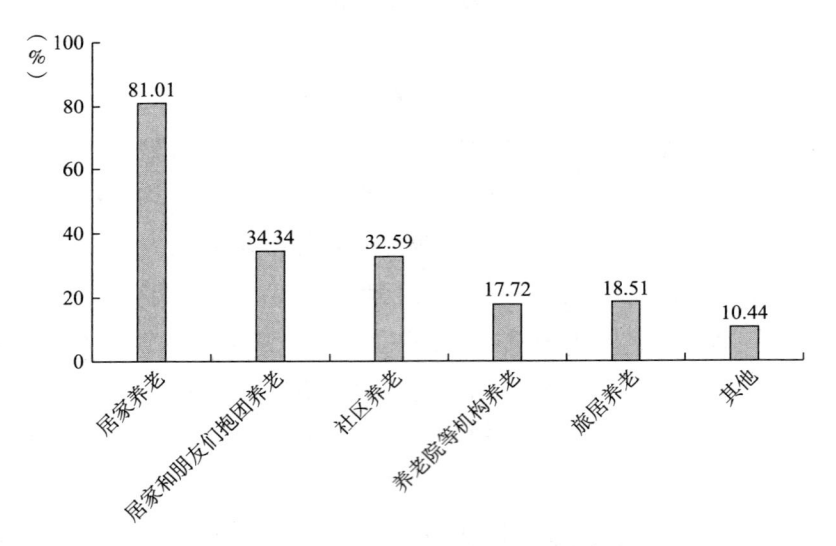

图 4-14 老年人对不同养老方式的青睐

表 4-3 数字分层类型和老年人养老方式的选择

单位：%

老年人养老方式选择	被动拥抱型	主动远离型	被动远离型	主动拥抱型	总体
居家养老	81.25	85.07	81.29	79.94	81.01
居家和朋友们抱团养老	33.93	19.40	27.34	40.76	34.34
社区养老	29.46	20.90	24.46	39.81	32.59
养老院等机构养老	14.29	8.96	12.23	23.25	17.72

续表

老年人养老方式选择	被动拥抱型	主动远离型	被动远离型	主动拥抱型	总体
旅居养老	20.54	11.94	14.39	21.02	18.51
其他	8.04	8.96	10.07	11.78	10.44

老年人在养老生活中最在意的问题之一就是身体健康。因此老年人"触网"后在互联网上关注最多的信息内容也与身体健康有关。课题组设置相关话题关键词进行检索，获取各平台网民评论抽样，通过机器模型计算得到老年人群体对养生文章的讨论热词。数据显示，养老和养生仍然是老年人群体最关注的主题，但老年人群体对养生文章的评价褒贬不一。受新冠肺炎疫情的影响，老年人群体对养生的讨论也较多涉及疫情防控方面。根据抽取的样本数据，在分析中将其划分为正向讨论和负向讨论两种。

图 4-15　养生内容的大数据分析

资料来源：新闻、微博、微信公众平台等舆论渠道网民评论数据（样本量 N = 26.1 万）。

在正向讨论中，关注的重点在于疫情防控和科普，以及老年人对自身健康问题的关注。首先，"病毒""口罩""疫情"等词凸显疫情期间老年人群体对疫情防控、科普类文章尤为关注。频率相对较高的词语还有"防控""防护""教授""科学""科普"等，这些都表明老年人关心疫情发展，同时也对科学抗疫工作予以关注。其次，"养生""身体健康""青光眼""糖尿病""健康长寿"等词表现出老年人群体注重身体健康，对老年病症状给予较多关注。其他频率较高的词语还有"免疫力""颈椎""骨质增生"等。

在负向讨论中，"假广告""凝胶""酵素""干细胞疗法"等词体现出部分老年人对假广告、假产品推广的负面情绪高，吐槽假借养生文章"骗人""骗钱"行为。此外，"练功""培训班"等词体现出部分老年人可能被非科学的养生文章诱骗洗脑。

（七）老年人信息安全认知

网络安全切不可掉以轻心，从第三章对信息能力的分析可以发现，在信息安全能力方面，对于个人信息保护的行为和观点，被访老年人有不同的看法。

老年人自身必须增强网络安全意识，确保自己的合法权益不受侵害。老年网民上网极易遭遇网络虚假广告、朋友圈谣言、不明红包诈骗等风险，但大多数被访老年人特别注重网络安全性，他们对网络持有谨慎的态度，尤其是注重个人隐私的保护。仅15.51%的被访老年人在遇到不会的操作时会将手机交给陌生人，仅48.58%的被访老年人认为互联网上的信息基本都是科学且可信的。而有85.92%的被访老年人表示自己会注重在使用网络时保护好电话、地址、姓名等信息，有81.97%的被访老年人表示自己从不浏览不安全的网站，甚至还有72.31%的被访老年人表示自己都不轻易点微信文章或消息中的链接，他们对网络安全的重视可谓达到了谨小慎微的地步。老年人也在网络信息安全方面普遍自信，有81.48%的被访老年人认为自己能够辨别到处流传的信息的真假。调研发现当老年人自认为网络信息安全识别能力较强的时候，他们网络使用的等级也会有所提升，会更加主动地选择和尝试网络产品，甚至包括一些虚拟货币产品。

– 2081488529 – 维卡币不像比特币，比特币咱更玩不了。我知道比特币是咋回事儿，都是计算机计算的，咱们也不会计算机，咱们不玩那玩意儿。但是我知道那玩意儿特别挣钱，一挣挣那么多钱，吓人，咱也没弄过。我在2009年的时候看报纸，就新闻晚报和生活报，关于比特币虚拟货币，我就看到了。维卡币和比特币，比特币是老大哥，是按照它那些程序走出来的。正好有这么个机会，我就买了。买了，天天就盯着它，没事就看看。

我们能够观察到，被访老年人对信息安全的认知更多源于自己内心的判断，而只有一部分老年人人能够运用网络技术准确了解网络使用的安全系数。有62.34%的被访老年人会利用网站、手机App等工具核实信息真假，有61.87%的被访老年人在手机上安装了防病毒工具。我们需要凝聚多方力量共同帮助老人净化网络空间，子女应主动承担向家中长辈普及反诈骗知识的责任，政府也应尽力堵住向老年人进行电信网络诈骗的漏洞。

第五章

老年人网络生活痛点

互联网的发展，从最初的拨号上网、BBS论坛、网吧和网络游戏到宽带、搜索引擎，再到现在的5G时代、大数据时代、手机端代替客户端、生活服务业的数字化平台，不断消融着现实生活与数字生活的边界。数字生活已不再是少部分人的特权，而成为人们日常生活中不可或缺的部分，现实生活中的功能越来越多地在数字生活中得以实现，数字生活甚至在某些方面开辟了新的生活空间，重塑了人们的生活方式、行为习惯以及思维习惯。人们在数字空间里完成生产、交换、消费、社交、娱乐、学习，创建属于自己的数字身份，积累新的人力资本、社会资本和文化资本。

数字时代的到来，为解决人口老龄化社会面临的问题提供了新的思路。电脑、智能手机、移动互联网等的大规模普及，使网络渗透到生活的方方面面，带来了极大便利。"数字适老化"就是通过一定的技术手段，对互联网和数字化产品进行改造，使之适应老年人的特点，更好地为老年人提供服务。因此，贯彻落实数字适老化的基本要求，有利于保障老年人群体的网络使用权益，缩小代际"数字鸿沟"，是积极应对人口老龄化、实现"健康中国"的有力抓手。从现有研究来看，为老龄群体提供适宜的数字化公共服务，是社会文明进步的标志，具有极强的社会现实意义。接入互联网的老年人群体可以获取与健康有关的信息；长期患病的老年人使用电子通信设备可以减少孤独感；学习如何使用电脑和互联网有助于老年人的心理健康，增强其赋权感。除了身心健康方面的正向作用，互联网还可以帮助老年人，尤其是"老漂族"维持和扩展他们的社交网络，使他们享受休闲生活，从而协助其抵御重大生活变化的冲击。总而言之，信息和通信技术可以通过社会资本在改善老年人生活质量方面发挥重要作用（Houssein et al.，2015）。

部分老年人也在与时俱进，掌握了电脑、手机等终端的使用技能，学会了网购、社交等生活方式，享受到了互联网带来的红利。但是数字生活空间是对现实空间的映射，现实生活空间的权力结构不可避免地被复制到数字生活空间中。同时数字生活空间基于数字和信息的运行逻辑又有别于现实生活空间，这为社会中的边缘弱势群体带来了新的社会网络构建通道，在一定程度上消除了社会排斥带来的负面影响，也给那些"信息穷人"（information-poor）顺利接入数字生活空间带来了极大的阻碍，进而在现实生活空间的社会排斥的基础上又创造了一个新的社会排斥——数字排斥。很多老年人是被动卷入网络生活中的，对网络多多少少存在不信任和恐惧感。绝大多数老年人由于身体机能和认知能力的退化，难以跟上数字时代技术进步的脚步，进而有较强的失能感。由社会排斥和家庭排斥导致的"边缘化"的现状和老年人自我中心化的心理需求之间存在一定的矛盾。部分产品的设计仍然体现出明显的"非具身性"，其使用环境、场景有限且对老年人群体并不友好，使他们在数字化世界中面临困境。

一　数字生活对老年人的双重排斥

老年人在接入数字生活空间时，常常要面对双重排斥，第一重是现实生活中的社会排斥结构被复制到数字生活空间中，现实生活中的社会权力分布直接映射于数字生活空间中，数字生活空间对现实生活空间中的社会排斥的消弭作用不是十分显著。社会经济地位较高，拥有越多人力资本、社会资本和文化资本的人在数字空间中获得的越多，而社会经济地位较低者则被排斥在数字生活空间的核心利益之外。老年人身体健康状况的恶化、社会关系的逐步脱节、社会功能的退化、经济收入方面的弱势等，持续强化着老年人的社会排斥和数字排斥。第二重是由数字生活空间本身的特性造成的排斥，数字生活空间的底层逻辑来自数字和信息技术，核心在于信息的获取和利用，基本信息素养的普遍缺失使得老年人群体被排斥在数字生活空间的核心利益之外。以上两重排斥导致老年人在互联网参与方面面临数字排斥的困境。

老年人作为数字技术的特殊消费群体，在信息技术拥有程度与应用程度方面都与其他群体存在较大差距，相比于年轻人群体更容易与时代脱节而被排斥在互联网之外，出现"数字鸿沟"现象（陆杰华、郭芳慈，2021）。社会成员的收入、受教育水平、性别、年龄、工作、族群、家户形态都会对其数字生活产生影响。社会中的优势群体更容易成为信息富人（information-rich），并逐渐拉大与信息穷人（information-poor）之间的距离。"数字鸿沟"可以被分为三层。第一层，也是第一代"数字鸿沟"，即接入沟。在20世纪90年代美国最早提出了"数字鸿沟"的概念，主要用于阐释人们在技术可及性（access）上的差距，这种"有和没有"的接入不平等被称为第一层"数字鸿沟"（韦路、张明新，2006）。邱林川将老年人归类到信息中下阶层，老年人不属于信息富人，但也并没有完全地被排斥出信息社会。在数字社会发展的初期，老年人几乎没有接入互联网的机会，接入沟是老年人群体面对的最难以跨越的"数字鸿沟"。

不过随着中国信息技术基础设施的建设和手机的快速普及，中国的老年人群体快速地接入了数字空间。与1997年发布的第一次《中国互联网络发展状况统计报告》中显示的50岁以上的上网用户仅占5.8%相比，2021年50岁以上的网络用户已经达到28%。但是应当注意的是，受到年龄较大、不识字、生活贫困等原因的影响，仍有大量边缘老年人无法有效或无力接入互联网。现在智能手机是接入数字空间的重要载体，调查组调研数据显示（见图5-1），22.15%的老年人表示，手机操作复杂是影响其使用的主要原因。另外，智能手机有高中低端机类产品的层次分类，低端产品在系统流畅性、安全性和屏幕分辨率等方面都不如中高端手机，即使用体验不如后者。而老年人中也有相当大一部分（8.54%）买不起好的智能手机，这影响了其使用体验。此外，19.15%的老年人认为上网费用太贵，如宽带费用、手机流量套餐等，对老年人来讲这是一笔不小的开销。所以即使第一层"数字鸿沟"已经不是主要问题的聚焦点了，但是老年人群体的接入沟问题仍需得到持续关注，避免已经处于边缘的老年人群体滑向更边缘的位置，彻底受到数字社会的排斥。

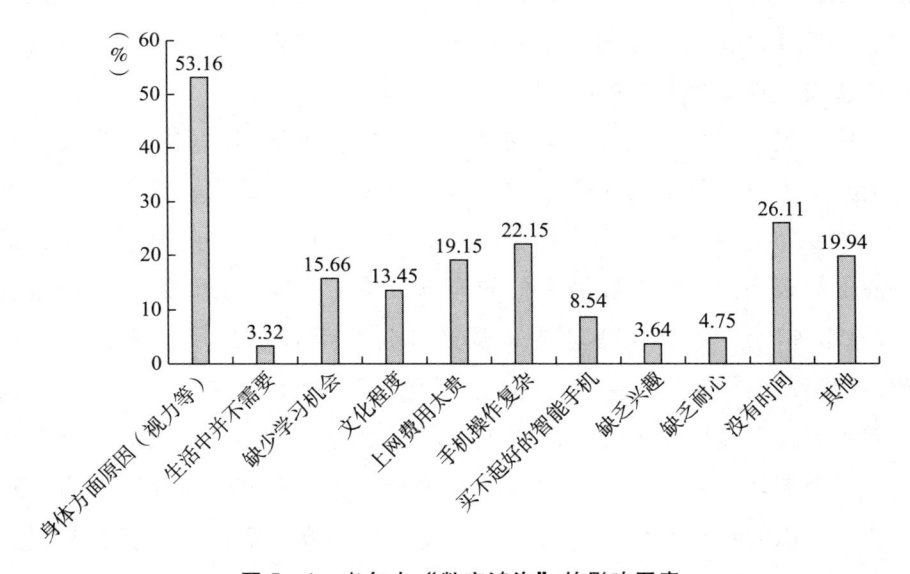

图 5-1 老年人"数字鸿沟"的影响因素

（数据：身体方面原因（视力等）53.16%；生活中并不需要 3.32%；缺少学习机会 15.66%；文化程度 13.45%；上网费用太贵 19.15%；手机操作复杂 22.15%；买不起好的智能手机 8.54%；缺乏兴趣 3.64%；缺乏耐心 4.75%；没有时间 26.11%；其他 19.94%）

第二层"数字鸿沟"关注的是跨越接入沟后，面临的互联网使用区隔的使用沟。实际上，尽管都接入互联网，但是用户对于互联网的利用程度是不同的。Peter 等依照人们在数字使用时间上的不平等状况，将网络用户划分为五种类型：非使用者、零星使用者、工具型使用者、娱乐型使用者和高级使用者。Norris 和 Jones 根据人们在数字使用内容上的不平等划分出四种类型：以满足研究兴趣为主的"研究者"、以满足消费需求为主的"消费者"、以实现自我表达为主的"表达者"以及以参加娱乐活动为主的"娱乐者"。van Dijk 和 Hacker（2003）根据人们在数字使用技能上的不平等划分了三种技能：代表操作硬件和软件的工具性技能、代表操作数字设备的信息性技能以及为达到自己的目的而利用信息的策略性技能。老年人的生活思维惯习与数字生活不相匹配，他们对于互联网的使用往往停留在零星使用者和娱乐型使用者层面，而在上述三种数字使用技能上表现不佳。健康水平和受教育水平高，学习能力强，经济状况良好的老年人更易使用互联网，且能拓展互联网在生产生活中的应用场景，但是与之相对的，大部分老年人在挖掘搜索信息和策略性地利用信息方面与年轻人存在较大差距。由此可见，老年人和青年人之间的"数字鸿沟"问题远远超越了物质层面的接入问题，且正随着互联网的普及，朝着更复杂的层次演进（Attewell，2001）。

第三层"数字鸿沟"则是网络使用在接入的不同起点下，通过各异的上网行为影响了上网所带来的信息与机会，也就是知识沟。许多学者将"知识"作为上网行为与社会后果的中介变量，认为具有更高社会经济地位的人将比低社会经济地位的人以更快的速度获得信息，从而造成"信息落差"、"知识分割"与"贫富分化"等社会后果（韦路、张明新，2006；李雪莲、刘德寰，2018）。相比于年轻人来说，老年人在互联网知识储备方面处于劣势，而由年老所导致的认知障碍、记忆力衰退和学习能力下降，则会进一步影响他们学习互联网知识的兴趣和能力。对互联网知识的缺乏使得老年人获取真实信息的成本增加，更容易遭遇互联网诈骗。

对于第二层和第三层"数字鸿沟"来讲，针对老年人群体的互联网技术的普及相对滞后。目前在针对老年人的网络科技的普及过程中存在技能培训课程覆盖面很小甚至完全没有培训课程的问题。调研组得到的数据显示，老年人受教育程度普遍较低、知识储备有限，难以操作复杂的智能手机并使用网络功能，导致其信心不足、效能感丧失。13.45%的老年人表示，文化程度是影响互联网使用的重要因素，具有较高的文化程度才能更好地使用互联网。另外，部分老年人则表示缺乏使用网络的耐心（4.75%）和兴趣（3.64%），也有 3.32% 的老年人认为生活中并不需要互联网。因此，社会支持对于老年人使用互联网、缩小"数字鸿沟"具有重要作用。15.66% 的老年人认为，缺少学习机会是影响其网络使用的重要原因，研究团队在访谈中也发现了相同的问题：绝大多数老年人都没有参加过智能手机培训，主要是子女和配偶、亲朋教自己使用，社区、社会组织极少组织相应的培训。

-2081488532-不找陌生人，都是找自己家的人，要不然去超市买东西，到了付钱的时候我弄不了，有时候就让收银员给我弄一下。

-2081488533-一般都是找自己家里人，儿子、女儿或者儿媳妇这一类，要不就是孙女，不找外人。

-2081488534-我是外孙子教的。不在一起，可麻烦了，以后我就干脆自己摸索，用着用着就会了。

-2081488535-手机会用，电脑不会用。手机，因为平时要用的。很少有人他不会用手机。我们身边的老人或者身边的朋友，懂一些的也有，我们就去讨教，跟他学，不懂就问嘛。

-2081488536-手机上有好多应用 App，都是孩子给安装、整理，或者老伴儿帮忙弄。还有特别不错的朋友给安装。朋友都是几个老伙伴一块儿玩的时候给你推荐。

当代的中国老年人实际上同时面对着三层"数字鸿沟"。此外，老年人群体内部存在灰色"数字鸿沟"。如前所述，数字社会再现了现实社会中的权力分配结构，老年人群体中的社会分层同样映射着老年人使用互联网的灰色"数字鸿沟"。因此经济收入、受教育程度、退休前职业、年龄、身体健康状况、性别、心态以及社会资本持有量等因素会导致老年人群体内部在互联网使用方面出现分层和区隔。例如年轻的老年人使用互联网的概率有 63%，而 75 岁的老年人使用互联网的概率则只有30%。对其他相关因素的分析结果表明,伴侣健在、受教育水平较高、退休前使用过互联网的老年男性更有可能使用数字技术(Friemel, 2014)。同样地,城乡之间的老年人存在由农村网络科技普及和信息科技服务的缺失而导致的"数字鸿沟"。

二 新冠肺炎疫情中老年人的工具性卷入

近年来,随着数字化的大力推进和发展,数字空间的快速扩张和对日常生活的渗透,以及老龄化程度的加深,越来越多的老年人被卷入网络世界中,二者的发展步调走向重合。对现实生活空间边缘化的担忧和恐惧使得老年人进入数字生活空间以满足日常生活和追赶时代潮流的需求。其中一个重要的现象就是老年人使用网络的频率和时间不断增多,老年网民的规模也在不断扩大。老年人使用互联网除了是因为自身主动学习之外,来自外界的压力也是主要原因。尤其是疫情之后,老年人外出需要像年轻人一样进行扫码登记,这种工具性使用需求促进了老年网民数量的增加。

首先,老年人使用网络最主要是为了生活便利。有41.29%的老年人认为,日常出行不会手机操作的话,会很不方便。而疫情之后,有44.46%的老年人认为没有网络生活特别不方便,因而有更多的老年人被卷入网络世界中。有38.92%的老年人认为,如果不会手机上网,会给生活缴费和网络购物带来不便。

其次,老年人使用网络是为了增加生活的趣味,保持社交和联络。有39.72%的老年人认为如果不上网,我的生活就不会丰富多彩。而37.03%的老年人认为如果不上网,自己和朋友就不会经常联络,就会越来越失去社会参与机会和联系纽带。持相反看法的老年人比例,分别有32.92%和32.75%。

最后,老年人使用网络的社会支持网络越来越发达。在疫情之后,尽管有相当大比例的老年人认为,没有网络会使得生活更为不便,但老年人如果需要寻求帮助，也会获得充分的帮助，尤其是在就医和扫码登记方面。其中，只有 22.15% 的老年人较多地遇到了看病不会手机预约，也很难找到工作人员帮助的情况。而较多地遇到进出公共场所，不会用手机出示健康码就很难找到别人帮助的情况的老年人比例仅有 18.99%。相比之下，较少出现上述两种情况的比例分别为 45.72% 和 61.87%。这表明了对老年人的社会支持体系越来越完善，配套措施越来越周全。

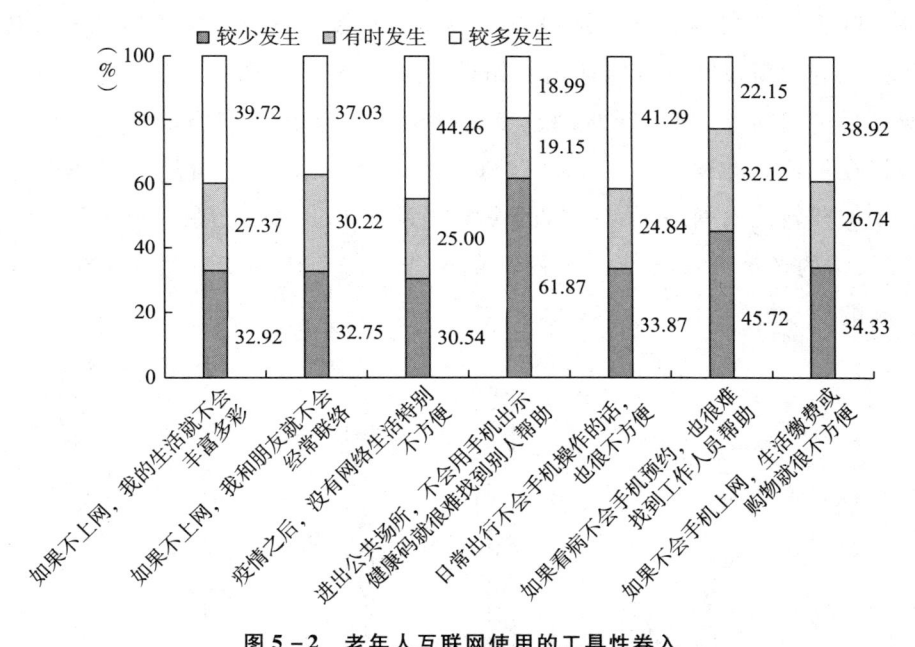

图 5-2 老年人互联网使用的工具性卷入

而新冠肺炎疫情的突袭而至，凸显了老年人群体在出行、就医等方面面临的"数字鸿沟"问题，人口老龄化相关问题日渐升温（杜鹏、陈民强，2021）。新冠肺炎疫情防控在激起我国数字化建设热潮的同时，也使老年人"数字融入"的困难成为疫情防控常态化下社会治理关注的重点和痛点（杜鹏、韩文婷，2021）。如果说疫情以前，老年人群体还尚可选择继续在现实生活空间这一维度维持日常生活，疫情以后大数据在社会治理中的广泛应用、疫情管控期间带来的现实物理空间的隔离，使得老年人群体不得不被卷入数字空间中。黄瑞（2021）提出疫情期间老年人因智能手机使用技能缺乏无法出示健康码而变相被剥夺了自由通行的权利，并且购物和医疗的智能化也在技术上给老年人带来了新的困境，威胁到了老年人多方面的基本生活权利。在疫情期间，老年人被更多地要求使用网络，使得他们在某种程度上需形成新的网络应用习惯，也被更深地卷入了网络世界。

研究团队根据调研数据发现，首先，有95.09%的老年人认为，在新冠肺炎疫情之后，学习网络操作非常有必要。其次，有94.31%的老年人认为，新冠肺炎疫情期间，如果不会网络操作的话，生活会很不方便。疫情期间，有82.76%的老年人学会了许多新的网络操作，这极大地拓宽了他们的视野。有86.87%的老年人认为，他们身边越来越多的老年人开始使用网络了，疫情的影响非常突出。此外，在疫情之后，有18.83%的老年人属于新"触网"的网民，这个比例在老年人中也是非常高的。

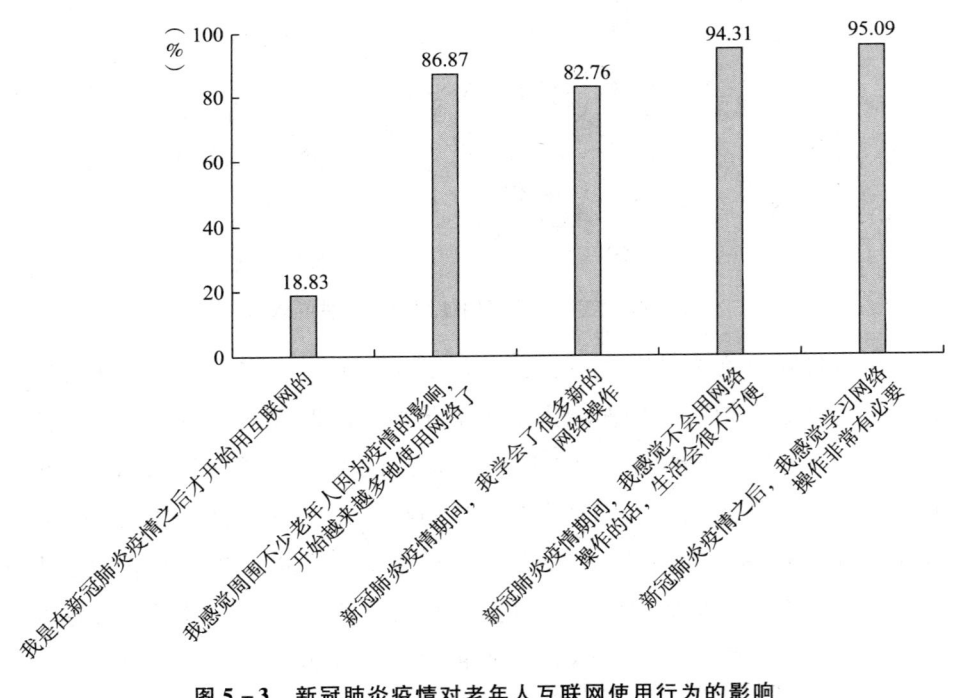

图5-3 新冠肺炎疫情对老年人互联网使用行为的影响

研究团队在访谈的过程中发现，老年人普遍反映新冠肺炎疫情给他们的生活带来了深刻影响，在访谈中他们提到了许多感性的认识。

-2081488537- 这个疫情把我们逼出来了，老年人使手机都长本事了。没这疫情，还真逼不到我们这一步。这个疫情也有好的方面，促进你学习一些东西，增加一些知识点。（疫情影响）

-2081488538- 我们原来用手机多半就是使用微信，每天做做照片。但是我觉得困难的地方就像疫情刚开始出去，一开始需要扫码不会弄，进大堂的时候人家要求扫码，这些步骤需要他们帮助。还有一回是从外回来还要整行程大数据（大数据行程卡），一开始也不会弄，得等着别人帮忙弄完了，学会了以后再扫再登录这样就简单了。（健康码和大数据行程卡）

-2081488539- 疫情期间我就学会了，社区里面几栋楼组成一个群，每天上报疫情，那时候挺受益的，大家互相了解一下。（社区疫情信息交流）

-2081488540- 疫情逼着你去跟着时代的步伐往前走。要不你就困在家了。上车，你不扫码，不让你上；你不戴口罩，是不行的。所以逼着你学了不少东西，买菜、买东西，都会使，生活必须这么做了，所以也就会了。（疫情对日常生活App使用的影响）

虽然在工具性使用的逼迫下，老年人在日常生活中再也无法避免使用互联网，使用网络从一道选择题变成了必答题，但网络生活习惯与日常生活习惯仍然有着比较大的差异，特别是与现实生活空间有着截然不同底层逻辑的数字生活空间的难题是老年人自身无法解决的。这需要政策制定者和社会提供广泛而全面的保障和支持，为老年人群体搭建顺利接入数字生活空间的桥梁。

对互联网舆论渠道的大数据分析展示了老年人群体被动卷入数字生活空间时的心态变化。通过设置话题关键词进行检索获取网民评论样本，使用机器语义识别出单条文本的情感倾向,再通过百分比换算得到舆论对老年人群体网上购物、出行扫码等与信息化生活相关的讨论的正负面情绪趋势。数据显示,质疑、担忧等负面情绪呈现先升后降趋势。负面情绪的峰值出现在 2020 年第二季度,然后逐渐下降,到 2020 年第四季度趋于平稳。

新冠肺炎疫情极大地改变了人们的生活方式。其中,由于老年人以往的"触网"比例较低,因而在疫情到来后,老年人群体受到的影响最大。一方面,由于出行、购物等活动的不便,人们将越来越多的购物等活动转移到线上,而老年人群体普遍不擅长线上购物。另一方面,由于老年人身体机能退化,使用手机时存在诸多不便,因而当老年人外出、就医、乘公交车、进入公共场所时,在手机扫码登记等方面都存在较大困难。所以,在疫情期间,随着健康码、社区团购买菜、非接触式外卖等政策的实施,明显能感觉到老年人群体被迫信息化的舆论关注热度提升,公众普遍担心老年人群体跟不上智能生活的步伐。因此,2020 年上半年负面情绪趋势明显升高(见图 5-4)。

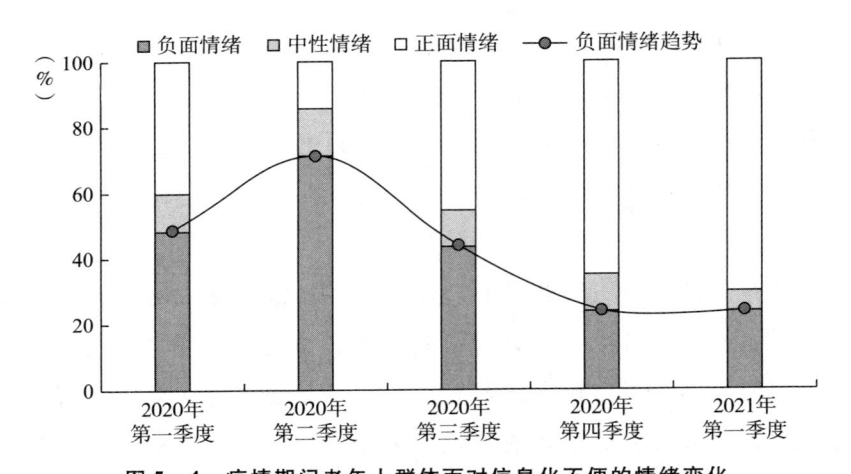

图 5-4 疫情期间老年人群体面对信息化不便的情绪变化

资料来源:新闻、微博、微信公众平台等舆论渠道网民评论数据(样本量 N = 3.3 万)。

随着老年人群体信息化普及工作的开展,部分老年人开始逐渐适应信息化生活。加之老年绿色通道的开通，极大地解决了老年人使用网络不便的问题，负面情绪趋势随之下降。2020年12月底，工信部发布文件，要求对互联网应用进行适老化改造，为老年人群体提供更便捷、更安全的智能应用，诸多举措相互配合，促进舆论情绪向积极方向转变，舆论对适老化改造充满期待，希望老年人群体能够参与并享受数字生活。

不可否认的是，"数字鸿沟"的问题也在后疫情时代的老年人群体中凸显，这些困境和难题的产生机制与"数字鸿沟"的产生机制系出同源，因此下文将对老年人群体的"数字鸿沟"问题进行深入分析，并对其面临的数字使用困境和难题进行细节呈现。

三 老年人网络生活痛点的具体内容

（一）身体机能的衰退

老年人网络生活的痛点源自身体机能的衰退。正是因为身体机能的衰退，老年人才会逐渐退出经济生产、缩小活动范围，并逐步退出主流社会生活。老年人身体机能的衰退表现在感知觉会出现退行性变化，特别是在视觉、听觉和触觉方面（白学军等，2020）。老年人的视觉功能衰退，一是视力下降，晶状体是眼球中唯一具有调节能力的屈光间质，会随着年龄增加而调节功能逐渐退化，这使很多老年人出现老花眼问题；二是颜色辨别能力变差，晶状体发黄和视网膜老化，导致老年人难以辨别蓝绿色等短波颜色；三是眼球明暗调节能力退化，老年人易因视觉感受细胞死亡而出现眩光；四是视野范围缩小，导致这一现象的主要原因是瞳孔缩小及视网膜变薄。

在研究团队的访谈中，老年人反映最多的就是视力问题。

-2081488541-学不会（手机功能）倒不会，就是有时候眼神不太好，要是不戴眼镜看不见那个小字。

– 2081488542 – 本来老年人的眼睛就花，看不清楚，越弄越不明白。

– 2081488543 – 出行扫码之类的功能整不好，费劲，看不见。

– 2081488544 – 我也愿意听小说，因为比较省眼睛。

– 2081488545 – 手工坊 32 个人都在群里，我们每年都是要更新作品的嘛，不能老是做一样的，我们从网上下载下来样例子，好看得不得了，我就发到群里去，有没有人会做。我们都是年纪大的，就是碰到这个问题，比如，一个很漂亮的凤凰，我们想学，但是视频太快了，我们看不清。

老年人的听觉功能衰退，首先表现为听力下降，老年人听觉功能衰退的主要原因是听觉器官的退行性变化；其次是声音辨别力下降，老年人对频率较高的声音和响度较小的声音不敏感，在一些音调比较复杂的声音的辨别上尤为困难；再次是语言理解力的下降，老年人的语言理解力因听觉器官的退化而出现障碍；最后是老年人触觉系统的衰退，主要原因是老年人皮肤中感觉神经的退化使触觉敏感性减弱，导致老年人的迟钝与定位困难。

– 2081488547 – 老年党员大部分会用智能手机，但是也有少部分人不会用智能手机。不会用智能手机的，就打电话。但有个别的他耳朵不好了，手机根本就听不清，所以就要上门。

– 2081488548 – 据我们了解，80 岁的基本不用这个，电话都不用。耳朵听不到，眼睛也看不到。

老年人身体机能的衰退也表现在记忆力的衰退上。当个体注意到刺激信息后就会形成记忆，个体通过对记忆进行再现、保持等方式以获取知识经验。记忆可以从信息加工的角度被划分为编码、存储以及提取三个阶段，老年人的记忆力衰退表现在以下几个方面。

编码和存储。老年人群体往往会被过多的无关信息消耗记忆编码和存储功能，这在导致记忆负荷的同时也会增加老年人学习新鲜事物的难度。

- 2081488550 - 视频我不会打，都是亲戚打过来，我一接。别人教过，还是不会，都忘记了。
- 2081488551 - 这种情况对于我个人来说，我尝试过，也使用过，但是使用一次，第二次就忘了。就是买个车票，但是几天以后就忘记了，一忘，第二次又打不开。
- 2081488552 - 我们去医院不会弄的话，把手机拿上，专门有个指挥的人给你操作。我们愿意学，就是记不住，一回来就又忘了，白学了。
- 2081488553 - 不是不学，就像刚才解释的，教完了以后，学得快忘得也快，不循环用就忘。要是老用这个东西了，就能记住。
- 2081488554 - 我就说信息文盲在我们这一代产生了。真是的，好是好，接受不了，学得快忘得也快，就跟耗子进洞似的，摆摆手，明白，一出来，怎么整？忘了。
- 2081488555 - 年轻的时候什么都看，我喜欢的东西都看了，老了以后，看的东西就少了。

提取。尽管很多老年人再认知事物的过程与年轻人一样，但仍然需要更多的时间才能对知识经验进行提取，在回忆记忆中的事物时容易出现困难。老年人在互联网的人机交互中，常常会因为各种信息负载较多而在界面操作步骤中难以有效进行认识和记忆。

- 2081488556 - 还有一个，"12306"要你输登录密码，要你设置一个支付密码，微信也要，淘宝也要，人老了，特别是登录密码，记不住。而且还告诉你，你以前用过的不要用，为了你的安全。我现在没办法，我就用这一个，不然怎么整。万一要出了不安全（的事情），就是个麻烦事。有的时候还要手势密码、数字密码、指纹密码、人脸扫码。

- 2081488557 - 太过复杂了，咱们老年人都接受不了，因为咱们毕竟年龄大了，简单化一些，简单化，不要像年轻人的手机弄得那么复杂就行了。

老年人群体身体机能的衰退还表现为他们在情感上处于敏感脆弱时期时，心理承受能力会有所下降。首先，由于社会角色的变化，老年人群体容易产生抑郁、孤独感等消极情绪；其次，在道德感方面，老年人群体的情感体验深刻而持久；最后，老年人的情绪表达方式是含蓄的，他们倾向于控制自己的情绪和情感。在人机交互过程中，如果界面设计不能满足老年用户的心理需求，操作不便，老年用户使用产品的体验感和愉悦感就会降低，导致情绪低落，降低产品的使用接受率。

- 2081488559 - 我这个人特别笨，我不太接受新事物。我这个手机上一毛钱也没有，那天晚上我们遛弯儿的时候周老师还教我，用手机去买东西。我认为，我要认真学我能学会，可是我就不接受，我思想上不接受。我就兜里总是有人民币，我就不用它（手机）。

- 2081488560 - 打比方拼多多里面有多多买菜，什么多多水果、副食品这些。有时候出来以后，一不注意发货地点和取货地点。我老伴上次买了东西，最后取货找了半天才找出来。就快递到社区这边了，我们住的地方那边门口就有一个取货点，结果最后跑这么远，有1公里远从这边找到的。

- 2081488561 - 人家说的银行去也是一个困难问题，我就是亲身感觉，没看到现实的票子就觉得不踏实，就觉得受骗了一样。微信付款，就害怕眼睛不对手指不对，需要我按1，我要是不小心按个100块过去不知道（是不是）就没有了，就害怕担心，就是这种不好用。这个社会不断地在发展，我们已经跟不上了，我们已经落伍了，我们就是文盲，像你们这些，多羡慕你们，多年轻多美好，年轻的时候我们奋斗过，我们也贡献过，到这个时候我们就遭到社会的淘汰，我觉得还是有点儿悲哀。

总之，老年人群体的认知老化主要出现在感知觉、记忆以及情感等方面。但往往一些智能产品的设计并未充分考虑老年人群体认知和身体功能的变化，未进行有针对性的产品设计，让老年人在使用过程中觉得很吃力，感到有落差感。老年人身体方面的问题，如视力、听力、行动等能力受限，易疲劳、需要多休息等，是制约其使用互联网最重要的原因。从统计数据来看，超过一半（53.16%）的老年人受到了身体方面的制约，这是老年人群体与青年人群体在使用网络时存在明显差异的重要原因。

（二）经济角色边缘化

对于老年人来说，离开劳动或工作的前线，自然就意味着自己失去了劳动收入，虽然一部分老年人在退休之后有退休金，相对可以保持经济独立，但是退休后的收入并没有大幅度增长的可能性。同时，中国目前的养老金水平相对较低，据统计，全国城镇职工养老金人均为2906元，只能起到基本养老保障作用，大部分老年人仍需子女或其他亲属在经济上给予补贴。尽管现在老年人在娱乐文化、健康养老方面的支出持续增加，但是生存型消费支出仍旧是中国大部分老年人的消费主流，这主要是因为老年人群体的经济收入来源较少。因此老年人在分配收入时倾向于首先满足日常生活需求。另外，因为身体机能的衰退，求医问药所需的花费不少，所以他们购买接入数字空间的设备的能力有限，网络费用也是一笔不小的负担。而老年人群体对于互联网的使用多数还集中在交流和娱乐功能上，对于互联网的价值生产功能涉及不多，不能利用互联网来获得更多的收入。研究团队在访谈中发现，经济困难、生活负担重使许多老年人陷入了接入沟，而及时跨越了接入沟的老年人，也并不会为互联网上的功能付费。

-2081488562- 有些问题，据我了解现在社区也办不到，社区也没钱，我们工作站更没钱，更办不到。这些老人很困难。一部分能半自理，有些能动一动，有些很困难，经济上的收入只有那么多，只能说维持生活，过着走，自己能动，请个人也请不起，这个是很大的问题。80岁以上的老人，慢慢动不了了，有的能动，有的能半动，能半自理，不能全部自理，这部分非常恼火，请一个人最少都不低于4000（元），如果请了人，他的工资待遇就没有了，他只有3000多（元）的工资，一般是3000多（元）。

-2081488563- 到社会上很多不会用（手机）的，就是文化水平低。其实是经济收入低，在哈尔滨就是1000多块钱、2000多块钱、3000多块钱，你要叫他买个智能手机，他能省就省，但一省了以后就跟不上大家了，所以他的起跑线就比会用的人就慢了好几拍，不是半拍、一拍的事，经济条件受限，用得晚了。

-2081488564- 比如说看病，有退休生活费的这些人都负担不了，没有退休生活费的农村人更负担不了，小小一个感冒进一趟医院，恐怕没有3000元都出不来。

（三）社会角色单一化

社会角色是指与人的一定社会地位和身份相一致的一整套权利、义务规范和行为模式。它是对具有特定身份的人的行为期望，是社会群体或组织的基础。老年人的社会角色通常有家庭角色和职业角色两种，是老年人在人生迟暮过程中形成的后天自致角色（张雪，2013）。城市居民在进入老年期后会面对诸多方面的转变，其中社会角色的转变在离退休后的长期生活中显得尤为突出。伴随着城市老年人的离退休，其社会生活的主要内容发生转变，从以围绕工作岗位的社会交往为主到回归家庭闲暇，职业角色转变为闲暇角色，家庭的主体角色也转变为从属角色。这一角色转变过程因老年人生活与心理的双重冲击极易引发老年人的社会角色失调。老年人的社会角色在其年龄增长的同时逐渐难以分辨。老年人离开熟悉的工作岗位及社会生产领域后，原有角色的失去使得老年人的角色扮演失去了连贯性，同时在主要社会角色转变后引发的生活中话语权丢失以及经济社会地位的变化，容易导致老年人心理难以适应，使老年人在年龄依赖下悲观消沉地适应晚年生活（陈静、江海霞，2013）。

城市老年人在离退休前扮演的主要角色是围绕社会职业展开的，而退休后，很多老年人不再具有以往的固定工作和收入，逐渐淡出熟悉的人际交往圈子，社会对其的尊重和认可程度也不复以往。老年人的主要角色由职业角色转变为闲暇角色，围绕社会职业角色而产生的成就感逐渐淡化。通常情况下离退休老年人的社会价值也会随之下降，无法正常参与到以往的社会交往关系圈，逐渐与工作中结识的熟悉的朋友失去联系。这一过程可被概括为城市老年人社会主体角色丧失。研究团队在调研中发现，大部分受访老年人的微信群的群组一般包括家庭群、退休之前的同事群、朋友同学群和社区群。这些群组基本都是建立在过往的人际关系网络和现在居住地的公共服务信息通知基础上，新拓展的且使用频率较高的群并不多。尤其是"老漂"一族离开家乡到子女工作所在地生活后，社会角色进一步单一化，日常生活所扮演的社会角色多数被家庭角色所取代。而随着年龄的增长，过往同事的群也经常归于沉寂，社会角色进一步单一化。

－2081488565－一般就是同学群，本家的家庭群，再就是一起进厂的人，主要就是这三个群用得多。

－2081488566－我这也是一个同学群，平时的朋友一个群，还有就是家里的群，现在也不接触社会。

－2081488567－一般加微信都是同学、朋友，才加微信，不然哪个加微信。一般不加新人。

——2081488568——现在生活上,以前认识的人都比较远,渐渐地就稀疏了。平时就是几个人。

很多老年人在离开了鞠躬尽瘁一辈子的岗位后,本该尽享天伦之乐、安度晚年,却往往因为生活环境的改变,打乱其原本工作的节奏,行为模式及生活习惯发生转变,面临着生活目标以及自我实现需求的缺失问题。老年人群体退居二线后往往因为难以适应而出现各式各样的负面情绪,如抑郁、失落、焦虑、空虚、孤独等(薛彦芳,2015)。

相对而言,农村老年人的社会角色转换问题不像城市退休老年人那样明显,因为农业劳动并没有明确的退休年龄。农村老年人,尤其是从事农业生产的老年人一般随着身体机能的逐步退化而退出生产劳动领域,但是因为嵌入在农村社会网络中,其社会角色的单一化程度低于城市退休老年人。他们仍可以就近外出与街坊邻居打牌聊天,在必要时介入村中事务。

(四)负面的数字形象

社会上对于老年人的主流观念是相对负面和消极的,有些人认为老年人会增添社会的负担,老年人口数量的上升使得老年人群体的社会支出份额增加。这种将老年人视作社会和他人负担的观念本质上就是唯经济利益视角下的"老年歧视",在这种观念的广泛传播和深刻影响下,老年人会产生"自我实现的预言"(self-ful filling prophecy),即老年人在思想和行动中会逐渐屈服和顺从社会主流观念对老年人消极被动的评价并与之趋于一致。大众媒介对社会认知下的老年人形象构建发挥着重要作用,其对老年人群体的刻画从神态、性格、身体素质及能力等多方面潜移默化地影响着人们对老年人的看法。时至今日,我国大众媒介依然以"社会弱者""落伍""旧事物"等标签定义着老年人的社会角色(郭子辉、金梦玉,2014)。大众媒介在塑造消极老年人形象的同时也影响着老年人对自己的看法,老年人会自觉或不自觉地认同这种消极的形象,导致自己的形象不断地与这种消极的形象趋于一致。比如有的老年人接受了社会上关于老年人一到某些年龄就会生病、一无是处的说法，认为自己对家庭、子女来说都是负担；或者认同"老糊涂"是老年人必定会有的毛病，高科技的产品不是自己能使用的，新兴的互联网更是与自己无关（韦大伟，2012）。

- 2081488570 - 我们都有这种危机感，就不想被社会淘汰得太快了。被社会边缘化。本来年岁这么大了，总觉得被社会边缘化，这种危机感自然而生，就不想太落后了。

网络新闻对于老年人的形象建构呈现了不友好的一面，老年人群体的消极形象报道比例上升，整体形象趋于片面化和刻板化。钟华（2012）通过对我国视听传媒中老年人形象建构研究的梳理，发现老年人正在被互联网原住民不断边缘化，成为互联网视听传媒中的"他者"。而这种社会对老年人消极的刻板印象一方面是大众媒介对老年人负面品格的放大，另一方面是因对老年人行为特征的无形丑化而逐渐形成的（李成波、陈子祎，2019）。

不过随着国家适老化政策的不断宣传和推进，社会对于老年人的网络使用更加关注，评价也趋向正面。例如，对于老年人网购问题，舆情大数据显示，2019年以来，涉"老年人群体网购"话题舆论热度持续走高，相关信息传播总量约95.8万条。

具体来看，2019年至2020年1月，"老年人群体网购"话题舆论整体呈现平稳波动的趋势，信息传播量平均为12039条。进入2020年2月，这一话题的热度明显上升，且经过了几个关键的时间节点。在疫情期间，随着健康码、社区团购买菜、无接触外卖等情况的出现，舆论信息剧增。2020年3月数量达到20749条，4月达到39503条。2020年5月，《人民日报》海外版及《北京青年报》等多家媒体集中报道的老年人群体成为网购新势力引发舆论广泛关注，推动舆论热度迅速攀升到上半年顶点。

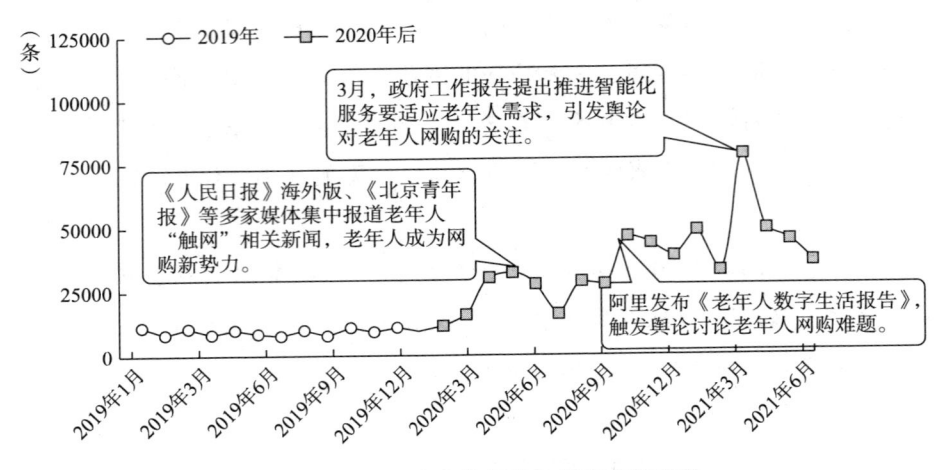

图 5-5 "老年人群体网购"话题舆情走势

资料来源：新闻、微博、微信公众平台、论坛博客等舆论渠道传播数据。

2020 年 10 月，阿里发布《老年人数字生活报告》，推动热度再创新高，"老年人群体网购"难题引发舆论关注。加之 2020 年 12 月末工信部发文要求互联网应用进行适老化改造，这一波舆论热度持续时间超过 3 个月。2021 年 3 月，全国两会召开，政府工作报告提出要推进智能化服务适应老年人需求，多位全国人大代表及全国政协委员提出应当创新科技手段令老年人享受网购便利。再加上 3·15 晚会曝光手机清理软件存在违规问题引发舆论对老年人群体手机使用情况的关注，涉"老年人群体网购"话题热度快速攀升并达到 2021 年的峰值。

另外，从地域角度看，不同地区网民对"老年人群体网购"话题关注度与两个因素呈正相关关系：第一个是经济发展水平，第二个是人口权重。

首先，经济发达的东部地区，尤其是华东、华南等沿海地区网民对"老年人群体网购"话题关注度较高。话题热度的前三位均位于东南沿海地区，广东省的话题热度指数达到了 93.76，福建达到了 93.38，浙江为 85.83。

其次，中部地区的几个省份也进入了热度的前十位，如第四位的河南省、第六位的湖南省、第七位的山西省和第九位的湖北省。这反映了经济发展水平对于舆论话题热度的影响。

第二个影响因素就是人口权重。可以看到，人口大省的热度指数明显高于其他省份。根据2020年第七次全国人口普查数据，进入榜单前十名的省份中，除山西省和福建省人口不足5000万以外，其余省份均为人口大省。人口权重高，对相关问题的讨论会更为集中且密度更大。

而舆论对"老年人群体网购"话题整体持积极态度，国务院的发文获得了网民的赞誉和认可。

通过设置相关话题关键词进行检索，获取各平台网民评论样本，使用机器语义识别出单条文本的情感立场，进一步得到网民情绪百分比分布情况。

首先，正面积极情绪占比达到了68.13%，这意味着超过2/3的网民情绪是积极的。负面消极情绪占比仅为13.37%，仅超过一成。客观理智情绪占比为18.50%，接近总体的两成。这说明，网民舆论对"老年人群体网购"相关信息的评价总体上是积极、正面的。

其次，在体现正面积极情绪的评价中，有超过七成（70.16%）的评论认为网购会便利老年人生活，有19.08%的评论认为网购会减少外出交通隐患，有9.40%的评论认为可以使老年人增加与年轻人的话题，还有1.36%的评论认为会使老年人保持年轻的心态。

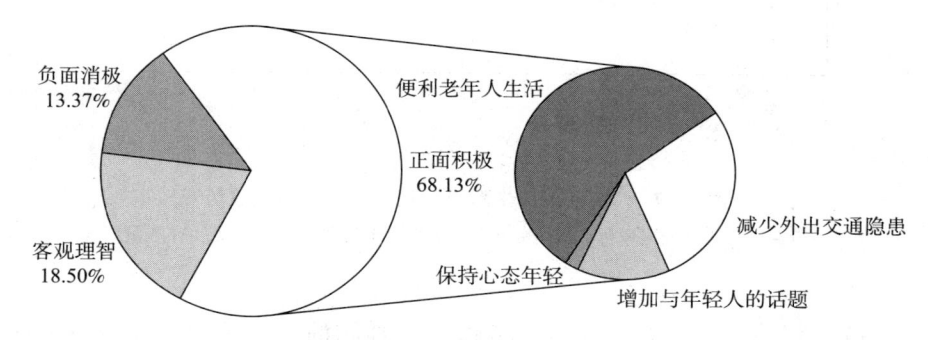

图5-6 "老年人群体网购"相关信息网民情绪分布

资料来源：新闻、微博、微信公众平台等舆论渠道网民评论数据（样本量N=32.6万）。

此外，将赞扬、快乐、喜爱等正面积极情绪的总量和占比进行指数化加权，得到 2019 年 1 月至 2021 年 6 月舆论对"老年人群体网购"话题情感的认同度。同时，在正面积极类网民评论样本中抽样 500 条，聚类分析得到正面积极情绪观点占比情况。

数据显示，2019 年以来，舆论对"老年人群体网购"的支持度整体呈现波动上升趋势，总体分数在 75~95 分区间内波动，平均分为 84.38 分。其中，有几个时间节点出现了舆论小高峰。2020 年 1 月，网购支持度出现了第一个小的峰值，为 87.36 分。2020 年 5 月，多家媒体集中报道老年人群体成为网购新势力，进一步引发舆论关注，达到 2020 年第二个小峰值，为 89.00 分。2020 年 11 月国务院印发《关于切实解决老年人运用智能技术困难的实施方案》，以及 2021 年 3 月政府工作报告提出推进智能化服务要适应老年人需求，舆论对"老年人群体网购"的支持度攀至顶峰。

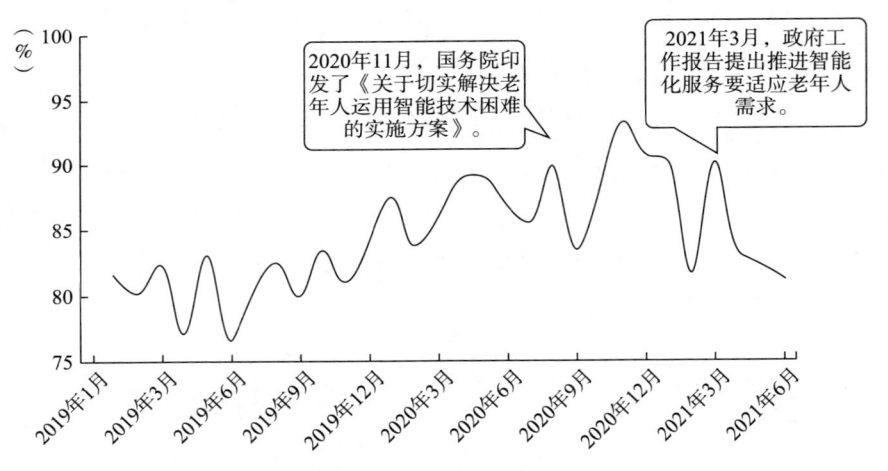

图 5-7 "老年人群体网购"相关信息认同度趋势

资料来源：新闻、微博、微信公众平台等舆论渠道网民评论数据（样本量 N = 32.6 万）。

政府相关部门对老年人群体"触网"难题的持续关注，使得各互联网公司积极采取举措帮助老年人群体融入网络环境。舆论对"老年人群体网购"话题整体持乐观积极态度，认为网购能够改善老年人群体生活状况，让老年人群体足不出户就能享受便利，大大消除了老年人群体外出的安全隐患。也有部分网民担忧网购在提供便利的同时带来了风险，担心家中父母缺乏辨别能力购买到"三无"产品，担忧老年人群体沉迷网络购物，导致冲动消费及碰到网购流程烦琐等问题。此外，有网民持客观理性态度建言献策，认为需要全面看待老年人群体网购现象，既要让老年人群体享受网购的乐趣与方便，也要让平台加强消费警示以防其上当受骗。

社会环境是影响老年人行为的重要因素，因此为老年人创造一个良好的互联网学习和使用环境是非常重要的。此外，老年人对他们在社会系统中的形象非常重视，人们看待和对待老年人的方式将极大地影响他们对技术的使用。这就意味着，要鼓励老年人使用科技，重要的是要避免给他们贴上"科技恐惧症"的标签。媒体和公众舆论应该营造老年人有权利、有能力使用技术的氛围。社会组织和社区应致力于营造一种支持和提振老年人信心的氛围，创造良好的学习环境，鼓励他们与技术互动。年轻的家庭成员应该鼓励和帮助老年人在家使用和练习老年科技产品，并为老年用户提供动手指导和帮助。

（五）自我效能感缺失

自我效能感（perceived self-efficacy）是班杜拉社会认知论中的一个基本概念。班杜拉发现以往的理论和研究忽视了起支配作用的知识和行为之间相互影响的过程，而仅仅着眼于知识获取和行为反应类型的研究。在班杜拉看来，对自我能力的评估结果是人们自我调节系统的主要影响因素，他借由这一判断发展出自我效能感的概念，自我效能感通常指人们对自身实现某项目标的自我信念（张鼎昆等，1999），个体自我效能感水平与其在某一领域的表现呈正相关关系。唐丹等（2006）的研究表明，一般自我效能感对老年人的主观幸福感有直接影响。同时，它也是身体健康和社会支持感知主观幸福感的中介变量，增强老年人的自我效能感，可以增强其主观幸福感，从而提高老年人的生活质量。人口统计学变量如性别、年龄、受教育程度、经济收入等对老年人的一般自我效能感没有显著影响。

网络使用与网络自我效能感具有相互促进的关系。一般来说，丰富的网络使用经验会带来更多网络资源的有效利用，优化网络使用体验，增强网络自我效能感；同样，网络自我效能感的建立能够有效支持网络使用者对网络的选择，并帮助其解决困难（刁春婷、曾美娜，2020）。老年人网络使用的自我效能感得分低于年轻人，且差异显著（彭玉伟，2013；端文慧、赵媛，2016；刁春婷、曾美娜，2020）。在老年人群体中，对互联网及信息化持非正面看法的，很少使用在线公共服务和网络购物之类的基本功能，且使用互联网的时间极少，这进一步影响了老年人对互联网的信任和支持（何铨、张湘笛，2017）。低自我效能感伴随着老年人对信息化和互联网的负面消极情绪，进一步降低了老年人群体对信息技术的学习和使用意愿水平（刘炜，2015）。

老年人在互联网使用时的自我效能感低，往往是因为现实生活中衰老带来的社会角色和家庭角色的双重单一化和降维化。老年人在现实生活中无法找到自身价值，因而缺乏进入数字新生活的动力，缺乏学习新知识的意志力。同时，老年人的网络自我效能感低是因为其无法将数字生活空间与现实生活空间有机契合，没有认识到数字生活空间对现实生活空间的赋能作用。也就是说，如果老年人认为互联网只是日常生活所需和娱乐所需，则很难在互联网的使用中获得成就感，对老年人的网络自我效能感建立起负向作用。因此，如果老年人在现实生活中找到了新的社会角色，感受到自己的社会价值，那么自然会增强自我效能感。较高的自我效能感水平可以促进互联网使用行为，对老年人群体的鼓舞和身心支持也能同步增强老年人的自我效能感。

-2081488572-如果说志愿者服务，我还谈不上什么服务，就是凭自己的心意多为大家、为居民群众多出一些力，给咱们的社区党总支，后来给党委，多开展一些工作，所以成立了摄影团队。当初有23位同志来摄影团队，但是现在没有这么多人。为什么呢？社区因为是拆迁以后有些分流了，分流以后有些户口居住（在）不同区，就分到不同社区。能这样坚持下来专门为社区提供志愿服务的，现在有6个，社区有2位年纪轻的，我们原来摄影团队里头有3位，都是65岁以上的，好像都是动过大手术的。但是我们也不管，反正寻求快乐，摄影是乐趣，摄影是自己的爱好，社区也需要，咱们社区的建设面貌怎么能够展示在居民群众面前，一定要通过摄影，拍照留下来。文字的资料是以前搞的，现在要用影像的资料，看起来容易理解，所以搞了摄影团队。为了更好地搞好志愿服务，我自己有3台电脑，有2台手提电脑，还有1台二手苹果电脑。图片都是自己搞。

-2081488573-（舞蹈队的老师、队长）我们是2013年开始成立的。那年我开始自己跳，一下子有了舞队了。一摊上跳舞就开始用智能手机了，刚开始跟人家屁股后头跳，不成，人家跳的不喜欢，所以就自己搜，然后学。平板、电脑都有，就为了看舞蹈视频。什么都上网上搜去。没事儿就看，最早下载也是自己学，都挤在那儿了，不学不成。平时还会录了舞蹈视频以后发给大伙儿。

上述两个访谈案例充分凸显了老年人在现实生活中获得自我效能感后对其互联网使用行为的影响。一方面，现实生活中新的社会角色使老年人获得了自我实现的价值感和成就感，为了更好地服务新的社会角色，他们积极投入对于数字新工具的使用；另一方面，在使用数字新工具的过程中，老年人感受到了其对现实生活中新的社会角色的助力，意识到互联网并不仅仅是娱乐工具，还是生产工具和学习工具，在使用的过程中获得了更强的网络自我效能感。

（六）角色定位的偏倚

老年人容易产生角色定位的偏倚。一方面，老年人进入退休生活后，生活重心转向家庭内部，社会角色不再重要。家庭内部成员如子女和配偶等如果支持和肯定老年人的互联网使用行为，可以大幅增强老年人使用互联网的意愿（谢祥龙等，2017）。家庭成员、邻里等"初级群体"通常是老年人人际关系网络中的重要主体。特别是家庭成员在老年人接受和使用互联网过程中起着关键作用，其中"初级群体"中的年轻人在设备购置、技术指导、鼓励意愿等方面为老年人提供帮助，可以有效缩小"数字鸿沟"（林枫等，2017）。同样地，老年人的朋友和邻居也能为其在互联网使用中提供支持与帮助。

值得反思的是，与年轻人同住的老年人使用互联网的概率远比其他家庭结构类型的要低，并且这一概率随着子女数量的增多而降低，反映出老年人在有子女陪同时更倾向于不使用互联网。究其原因，主要是老年人的角色定位偏倚。他们倾向于认为，脱离社会角色后，无须承担过多的角色责任。他们更多地依赖家庭中的子女和配偶，"无用"的想法往往成为阻碍老年人使用网络的关键变量之一。研究团队在访谈中发现，一部分老年人的家庭角色定位也会影响其互联网的使用。子女认为老年人在家庭生活中应逐渐从"照顾者"角色向"被照顾者"的角色转变，这一过程包含着老年人部分家庭生活责任的移交，子女替代老年人来主动学习互联网应用。老年人的情感需要可以由陪伴在身边的子女来满足，这减少了其对互联网使用的需要，进而对互联网的使用失去兴趣。这使得许多老年人使用网络能力的培养受到阻碍。

-2081488575-有时候看，有时候也不看，关键在我自己，我要学也可以学，我就是没跟他们学，我懒得学，其实要学都能会，也不傻，实际上挺好学的，真是挺好学的，我学了一点，挺好学。我就是不爱学，我心想没用，孩子都帮我买了，你需要什么，他就说"妈，您要什么？"，他就给我买过来，像今天上午他就给我买了两箱奶拿过来了，他不用我。

-2081488576-我丫头老来，经常来我这儿，我丫头说你别要手机了，又弄不好，你也不出去，就在家里待着。她说你要打电话给我，找座机打就行。

— 2081488577 — 我们现在如果看病，就是儿子、儿媳妇领着去，年轻人都会。现在这种事咱们很少一个人去，都是他们带上去就弄了，我们懂也不懂。

同时，老年人与子女共同生活时往往需要负责第三代的照料和看护，这减少了老年人个人的可支配时间，降低了互联网使用的频次。

— 2081488579 — 上班的时候思想还比较先进，跟着网络。退了休这10年，一带孩子，一知识老化，慢慢地就有点跟不上了，基本的操作还是能够操作，但是不能像上班的时候那么熟练了，因为当时是工作需要。现在的情况是基本应付现状还是可以，挂号、打的这些基本上不用我，为什么？跟儿子、儿媳妇都住在一起，我老伴儿也是搞通信的，我基本上靠边站了，就是这些比较生疏。比如支付什么的，我也会，但是我不经常出去买东西，基本上他们全包了，我就负责家里这一摊，洗洗涮涮、做饭、接送孩子、辅导作业这一摊。

在老年夫妇间也存在家庭角色的分工，更多承担与外界联系的家庭责任会更多地使用互联网，这使得不处于该分工位置的另一半产生依赖，降低了学习和使用意愿。

— 2081488581 — 老伴接受新事物，我俩是天壤之别。由于他接受新事物，我就根本不动这个脑子，我就都依赖他。去超市，他拿着手机一交。走到哪儿用手机打车，他就会，一整就出来了，"在地铁口等着吧，车2分钟到，现在走到什么地方"，他都知道。我就不行，也可能有一种依赖。

（七）个体尊严的丧失

老年人在家庭中的边缘化还表现为在家庭生活中长期拥有的家庭权威和个体尊严的丧失。老年人在离退休后，从以工作为主到回归家庭，从熟悉的职业角色转变为闲暇角色，家庭角色由主体转变为从属。特别是在家庭经济地位上，老年人逐渐从家庭经济的主要控制者和管理者向对子女依赖和顺从转变。这种情况在经济困难的企业退休职工和高龄患病老年人中尤为严重，他们往往连维持基本生活都很困难，对子女的供养依赖更重。

老年人在退休前后与子女的权威感的相对变化在一定程度上反映出了老年人个体尊严的丧失。退休前子女对父母多方面的家庭生活依赖给老年人带来权威，而退休后随着老年人经济收入的减少与子女经济的独立，老年人转向从属角色。家庭权威消失使得老年人产生自身无用、累赘的消极感知。脱离熟悉的工作岗位后，老年人丧失了劳动收入，在家庭中由供养者转变为被赡养者，带来的落差感会严重影响老年人的自我评价。老年人经常说的"现在年纪大了，没什么用了"之类的话展示着老年人承受的这种情感打击（薛彦芳，2015）。

杜威提出人类本性里最深的冲动是"成为重要人物的欲望"，即对自重感的追求。自重感包括自尊和来自他人的尊重两个方面。首先，在自尊方面，老年人经济主导地位丧失，对比身边人的忙碌与自己的清闲、自身现在生活的空洞与曾经的充实，老年人在深感无可奈何时便会产生消极心态和对自身无用的认知。其次，在他人的尊重方面，老年人作为很敏感的一个群体，关注并且介意身边人对自己的看法，同时渴望得到认同和尊敬。但随着时代的发展，年轻人接受现代化和社区化的新生活方式，认为父母一辈所坚持的传统观念和生活方式是落后的，未能给老年人带来其所期望的认可与尊敬，使老年人产生孤独和被排斥的感觉。虽然部分老年人有使用互联网的想法，但最终还是放弃了。其背后的原因往往是缺乏话语权和学习氛围以及家庭支持。相关调研数据显示，由于缺少家人的支持，大约有 30% 的老年人最终放弃使用互联网（韦大伟，2012）。

　　– 2081488583 – 而且越看思维就越那个啥，年轻人越看不上你们，他越觉得你们啥都不懂，因为手机上这些东西太那个啥了。像我们就必须自己，我才不用我儿子呢，我啥事都不用我儿子。他一说啥，我自己都能整出来，我不用你。用他们可费劲了，你要啥事问孩子，肯定连损带挖苦的，肯定就觉得怎么教你都不会，不耐烦，所以我们不用他，我们全部都自己。

　　– 2081488584 – 外孙还看不起我，非常不屑的，我给你上点好处？我说啥意思？他有一个手表，我俩是连线的，一整我俩就，我说咋回事啊？我又听不见动静了。哎，真笨呢。我说你看姥爷也不会按。告诉你咋整。没招。但是他也不是说精通得很，他接受的东西比咱快，咱们接受的东西肯定比他多，但是咱忘得快。接受了十样我得忘八样九样。

　　手机依赖是智能手机时代下银发群体遇到的较为常见的问题，尤其是孤独感越强烈的老年人越容易产生手机依赖。一项关于微信使用情况的调查发现，老年人在使用过程中易产生手机依赖。银发群体面临退休下岗的空虚生活，更愿意通过微信社交来缓解现实压力，填补自己精神世界的空虚，从而得到短暂的欢愉。因此，银发群体更容易对手机产生依赖甚至上瘾，银发族中的"低头族"也不在少数。手机的危害无须过多赘述，一方面，银发群体的身体素质普遍较差、体质较弱，过多使用手机容易导致眼睛、颈椎等部位的疾病。同时，微信中的社交无论是时间成本还是经济成本都相对较低，人与人的日常交往仅通过一部手机就可以实现，减少了现实中与人互动沟通的时间；把大量时间花费在与手机做伴，在一定程度上不利于亲情关系。

－2081488586－家里面的亲情肯定变淡了。我小的时候，那时候咱哪有手机，那时候也打麻将，也不是小的时候，成年了，但是我们一家人在一起就是聊天，聊聊这个、聊聊那个。但现在我不知道，我父母都没有了。就是我们和孩子这一辈的人，像过年我婆婆看着挺无奈的，两个小叔子，带着媳妇，再加上我们，每人一个手机，大家都在看，说话心不在焉。本来一年到头就回来这么一次，都是在外地的。不好。

另外，随着年龄的增长，老年人面临各种身体机能逐渐衰退及健康问题，且老年人有大量空余时间，因而需要身边亲人尤其是子女的关注和照料，但在话语权缺失而导致的代际矛盾中老年人逐渐意志消沉，失去自主生活的愿望。一些独居和空巢老人更有可能面临"数字鸿沟"和社会融合的问题，如因互联网的陌生感而产生的焦躁情绪和过度依赖互联网而导致的沉迷，进一步恶化了社会关系（何铨、张湘笛，2017）。短视频在老年人群体中爆发式发展后，进一步增强了老年人对于手机的依赖。老年人使用短视频平台能够在短时间内增加与外界的交流，有利于消除孤独感，但是长期将精力放在短视频平台上反而会影响老年人生活中的正常交流，增强老年人对现实生活的逃避性与失控性，进而加剧老年人的孤独感。而孤独感又会强化老年人的手机依赖，这将形成恶性循环，反而会严重影响老年人的晚年生活（宋佳伟，2021）。短视频平台帮助他们打开了互联网新世界的大门，同时直接将他们暴露在纷杂的互联网乱象之下。在短视频信息传播中，银发群体既是数字时代的受益者，也是互联网乱象的"受害者"（刘光胜，2021）。

－2081488588－出来如果没有活动，我白天在家里一直看着，出来了就不看，如果在家里坐着，没有什么干的，就又看着了，要不然无聊地坐不住。晚上吃了饭就看到12点了。我有时候看到12点，有时候看到1点，有时候孩子过来说你还没有睡，赶紧关了不要再看了,我说我这点看完。

(八) 代际话语权更替

在急速的社会变迁面前,由于亲子两代人不同的适应能力,年长一代失去了教化的绝对权力,年轻一代却"反客为主"获得了新的文化权力(刘长城、徐光芳,2008)。20世纪90年代以来,互联网和信息技术突飞猛进,后喻文化从技术的变革中发展而来,成为当代崭新的文化体系,改变了以往的文化传输方式。年轻一代于信息时代的发展中生长,能够快速掌握和运用网络技术,成为新的时代"掌舵者",前喻文化中的传统被后喻文化下的"长辈需向晚辈学习"代替,成为当代社会中一条令人瞩目的风景线(李凌凌、郭晨,2016)。1970年,美国著名人类学家玛格丽特·米德在《文化与承诺》一书中首次提出了后喻文化理论,认为人类社会的文化传喻方式有三种基本类型:一是由长辈传授给晚辈知识能力的前喻文化;二是学习和知识传递发生在同辈人之间的并喻文化;三是长辈向晚辈学习的后喻文化。

在后喻文化的理论基础上,学者周晓虹提出了"文化反哺"概念,其是指在社会文化的快速变迁中年轻世代向年长世代的文化提供与传授。这种"文化反哺"主要源于年轻一代对新事物的较高敏感度和接受度,他们较少受到旧价值观和行为模式的束缚,可以借助语言和工具(如电视、报刊和网络)接触的优势,在媒体、市场及生活本身便利地获取社会信息,更有解释生活意义的权威(周晓虹,2000)。

受教育程度是分析老年人"数字鸿沟"的预测因素之一,传统读写能力普及率与年龄成反比,阅读或写作障碍可能会导致老年人"数字鸿沟"(何铨、张湘笛,2017)。彭青云(2018)对城市老年人互联网接入障碍影响因素的研究表明,相对于男性和低龄老年人,女性和高龄老年人的互联网接入概率更低。老年人群体在互联网应用过程中面临的一大问题就是受教育程度不足,因此低文化水平老年人成为最难以融入互联网时代的群体，我国老年人的文化水平在小学及以下的比例占到 58.7%，中国互联网络信息中心（CNNIC）在 2017 年发布的第 40 次《中国互联网络发展状况统计报告》表明，当前未接触网络的群体中不上网的主要原因是"不懂电脑/网络"和"不懂拼音等文化程度限制"。在非网民的老年人中，文字障碍是其面对的主要问题，其次才是电子设备的使用障碍。

李彪（2020）通过对老年人群体微信朋友圈使用行为影响因素的研究发现，子代社会经济地位越高，老年人微信朋友圈的使用行为发生的概率越高。因此在后喻文化时代，在对老年人的互联网推广和使用中，年轻一代逐步占据着主导地位。

- 2081488589 - 有时候我说小老师（孙女），我向你学习，你能不能教教？"改天再教。"人家没时间。如果逐条记下来，我们肯定收益更大，这些问题都能解决了。到现在我也扫不了，我们没有用心，其实也挺简单的。

- 2081488590 - （语音录入）那个我会，还是我孙子教我的。

- 2081488591 - 我现在的感觉就是用手机我离不开一个"拐棍"，我离不开孙子，也离不开儿子，您知道为什么？好多东西不会玩、不会弄，要下载什么东西，离开他们真是不行。我要弄什么东西，就得先通过他们来教我怎么弄，我才能弄，我学会了能知道怎么弄。假如说我要上医院去，我知道能把健康宝打开了，我知道能找着，最起码这一点我出去觉得还能好一点。如果没有年轻人指导，在这方面还真是挺困难的，真是特别困难。

- 2081488592 - 比如上医院看病，到哪个医院，得要他们医院的 App，（得）扫他们的，得加入它的公众号，得注册，所以到哪儿去你得注册，我现在就不愿意注册这些东西，手机注册的太多。这个我就跟不上形势了，我这一多了就得叫一下儿子，你给我清一下。

- 2081488593 - 现在小孩子的脑子比我们好使。我上面的东西有很多都是跟她学的，她会点的我都不会，她什么都能点开，现在的孩子一进门就先跟她爷爷讲价钱，你那个手机让我用一用？问用多长时间？一分钟、五分钟，但是一拿上就没完了，不是一分钟、五分钟，一个小时都不给。

因此，因为"数字鸿沟"的产生和家庭角色的转变，老年人的互联网使用行为往往不仅仅由其个人的意愿和能力所决定，家庭中子辈和孙辈的影响也至关重要。想要打造一个老年人互联网友好型社会并不只能从技术端出招，还应该依托一个老年人友好型社会的打造，在社会和家庭中肯定老年人的价值，积极鼓励老年人在现实生活中获得新的社会角色，增加老年人的社会参与和家庭参与，为其提供更多社会支持和家庭支持，使其发挥代际互补的作用，为老年人的互联网使用赋能。

第六章

适老化的期待与困境

一 老年人的适老化期待

由于产品的非具身设计、产品的便捷性与安全性等问题，适老化产品与老年人的需求之间或多或少存在一些偏差，这影响了老年人的使用体验。成功的适老化产品大多是设计创新、产品创新与工艺创新相结合的产品。此外，适老化产品还应体现理念创新，即如何融入、吸收新的观念和价值。因此，切实关注老年人这一特殊群体的真正需求，考虑老年人的真正特点，体验老年人真实的工作和生活情境，站在老年人的角度设计、改进产品，才是减少产品供需之间偏差的有效方式。只有这样，企业才能研发出适合老年人的产品，以符合老年人的功能认知和使用认知。

图6-1展现了老年人对网络安全和网络环境适老化改造的期待。从统计数据可以看出，超过九成（91.14%）的老年人认为，软件应用操作应当简单化，以便于其使用。从细节方面看，84.97%的老年人认为，厂商设计手机、预先安装手机软件时，需要真正考虑老年人的特点和需求。另外，86.23%的老年人认为上网设备等硬件改良是适老化改造的重点，工欲善其事，必先利其器，良好的硬件更有利于其使用互联网。

除上网环境的软硬件改造之外，社会环境也应当有所改善，并增加社会支持。首先，老年人作为上当受骗的高危人群，对互联网交易安全有较高的期待。90.35%的老年人认为，对于网络安全和网络环境的适老化改造应当增强老年人支付、转账安全保障，确保其财物安全。其次，针对老年人学习使用互联网和智能手机的途径有限，近七成（68.83%）的老年人也期待由社区、单位等来提供学习上网、智能手机使用的渠道。

图中数据：
- 厂商设计手机、预先安装手机软件时，需要真正考虑老年人的特点和需求：84.97%
- 提供学习上网、智能手机使用的渠道（社区、单位等）：68.83%
- 软件应用操作简单化：91.14%
- 增强老年人支付、转账安全保障：90.35%
- 上网设备等硬件改良：86.23%

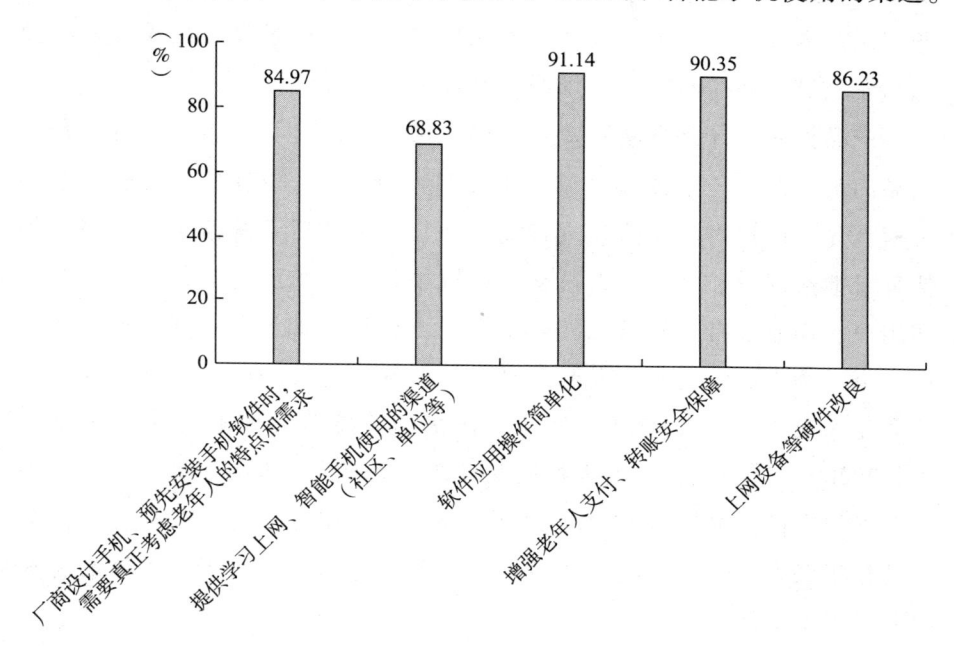

图 6-1　对于网络安全和网络环境的适老化改造的期待

二　适老化改造深层困境

老年人群体在现实社会和家庭中的边缘化同样映射在数字生活空间中，这给老年人的互联网使用带来了许多困境。

（一）非具身设计不友好

到目前为止，几乎所有主流的互联网产品或服务都不是以老年人为中心进行设计的，或者说它们并没有把老年人群体作为受众。然而，进入互联网社会，以网络技术为支撑的养老和网络产品的适老化，不仅仅是一种商业服务，更是一种基础性的社会服务。对于老年人而言，体验的重点在于关怀和自我认同，科技需要主动适应老年人的生活习惯，而不是让老年人去适应科技本身。新型科技产品只着眼于技术进步，而缺少了对普适性、适老化的考量，缺乏对老年人的需求和特点的关注，给老年用户带来了诸如程序复杂、不便操作、不能满足高层次需要及涉及隐私安全等方面的问题（何灿群、谭晓磊，2020）。

产品界面设计是产品开发者与用户通过产品进行交互的媒介，包含产品的美观设计与整体操作特性的设计（屠秀栋，2010）。人机交互的过程首先是用户对产品信息进行编码和加工，然后系统给予指令将产品信息反馈给用户。例如在人机交互系统中，用户与产品进行交互，产品同用户一样通过自己的信息处理系统来进行信息加工并完成任务，老年产品也不例外。但是老年人群体对于信息的加工处理能力因其认知功能的老化而衰退，主要包括感知觉、记忆和情感等方面的退化（白学军等，2020）。这导致目前的人机交互设计对老年人不友好。此外，对于不针对老年人群体的软件和 App 来说，软件设计的目标群体为大众群体，尤其是年轻人群体，因此在产品设计时更关注的是一般用户群体的需求而非老年人群体的需求。

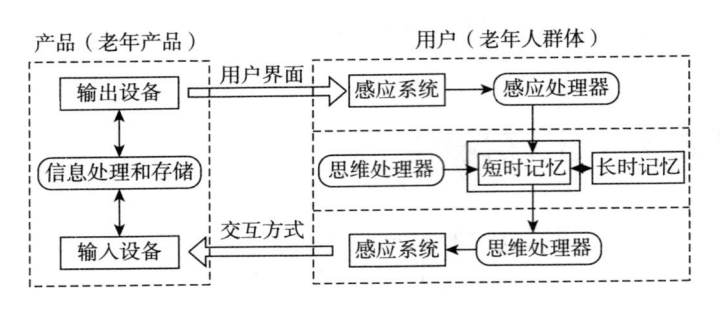

图 6-2　人机交互模型

资料来源：白学军等，2020。

老年人因其社会边缘化和家庭边缘化的处境，经常被数字生活空间中的产品设计所忽略。虽然现在的适老化改造对于字号、字体等进行了调整，但实际上这些改造都属于产品的底层功能改造，而非针对老年人的认知和感知进行的认知层面上的改造。

（二）难以克服恐惧心理

老年人群体在网络使用过程中容易产生挫败感和恐惧感，主要有以下几个方面的原因。首先，老年人的社会知识结构并没有因为社会角色的转变而发生相应的改变，他们仍保留着以往的生活方式与思维模式，但面向大众的新产品很少以老年人为主要受众而考虑其特有的思维方式与知识结构，这给老年人适应新技术带来了困难。其次，一些经济水平和文化程度较低的老年人，无从获取新产品的使用信息和经验。最后，年龄的增长使得很多老年人对于意料之外的因素和刺激趋于回避，行事风格相对偏向保守，对于新产品的尝试及面对失败时，较缺乏耐心，且较为脆弱（刘丝筠，2017）。

老年人自身的生活阅历、习惯偏好和文化审美品位在其互联网使用过程中形成了明显区别于年轻人群体的老年互联网文化，在信息接收偏好和使用习惯上与年轻一辈形成了"新媒体代沟"。由于老年人群体在使用网络、娱乐、社交和生活方面的知识和素养与年轻人存在明显的"鸿沟"，因此，老年人群体在使用互联网的时候，更容易出现质疑自身能力的恐惧心理。

科技恐惧症，是对科技的一种担心和恐惧，由此导致对科技的排斥或回避以及对于科技产品的矛盾情感及不安、焦躁和恐惧情绪。老年人的科技恐惧症是指由老年人群体对于新兴事物中的非经验掌握范畴因素的恐惧而导致的其对高新信息技术及其衍生产品的排斥和反对心理，直接体现为老年人不敢用、不会用和嫌麻烦拒绝用智能产品，还有的是因用起来出过错就不再使用科技产品了（韩振秋，2017）。简言之，老年人的科技恐惧症是指老年人在使用新科技产品时所产生的紧张、排斥和恐惧心态。其原因有两方面，一方面是科技产品缺乏对于老年人的需求和特点的关注，供给产品缺乏科技情怀和人文关怀；另一方面，老年人知识更新渠道缺乏或不畅，自身固守旧观念，自我学习动力不足，特别是网络诈骗时有发生致使老年人"触网"难上加难（韩振秋，2017）。老年人的科技恐惧症体现在以下几个方面。

（1）社交恐惧。老年人大多经历了"退休"这一生活事件，退休意味着与原有的生活情境"脱嵌"，其社会参与大幅度减少，交际圈和生活圈变得越来越狭窄。这会使得老年人感到孤立和无助，相当一部分老年人担心自己使用不好手机、找不到帮手以至于无法应对老年生活。同时老年人的性格特征也会发生重要变化，其中失能感、不安全感和孤独感尤为突出。在使用手机时，有14.56%的老年人担心用不好手机被人嘲笑，这是社交恐惧的一个典型体现。

（2）遗忘恐惧。退休后的老年人会在很大程度上与原有生活出现"脱嵌"，跟朋友、同事的交往会减少，参与社会活动的机会也会减少，老年生活变得更为简单。但生活的单调使得老年人群体的孤独寂寞感越来越强烈，安全感则越来越弱，适应了新环境的老年人会更多出现遗忘恐惧。

（3）科技恐惧。由于受身体机能和知识储备的制约，老年人群体有较少或者根本没有数字需求。随着网络普及率的提高，老年人逐渐丧失了选择不用的权利，因为各种主客观原因被卷入了网络使用中。面对纷繁复杂的网络世界，越来越多的老年人表现出了科技恐惧。另外，老年人由于信息甄别能力不足，缺乏信息分辨意识，在真假信息识别上存在很大偏差，进而易受到网络谣言、网络骗局的伤害，轻则带来财产的损失，重则给老年人的思想及身心健康带来沉重的伤害。网络的负面影响会进一步强化其科技恐惧感。从统计数据来看，老年人对网络的科技恐惧心理最主要体现为担心受骗上当（70.89%），也有68.99%的老年人担心手机中病毒。由于部分老年人在使用手机时经常收到一些恶意信息及诱导下载链接，或是使用非官方的手机清理软件等，导致手机出现故障，因此，有43.04%的老年人担心不当操作会损坏机器设备。

（4）支付恐惧。56.49%的老年人担心手机支付会造成财产损失。

（5）Wi-Fi恐惧。46.36%的老年人担心手机和电脑有辐射，会影响自己的健康。

（6）套餐恐惧。习惯精打细算过日子的老年人，对移动数据的套餐消费十分敏感。据统计，有 64.40% 的老年人担心上网流量和花费。在访谈中，也有不少老年人提到外出的时候如果没有 Wi-Fi、网络热点就会关掉手机流量，避免流量的过量使用。

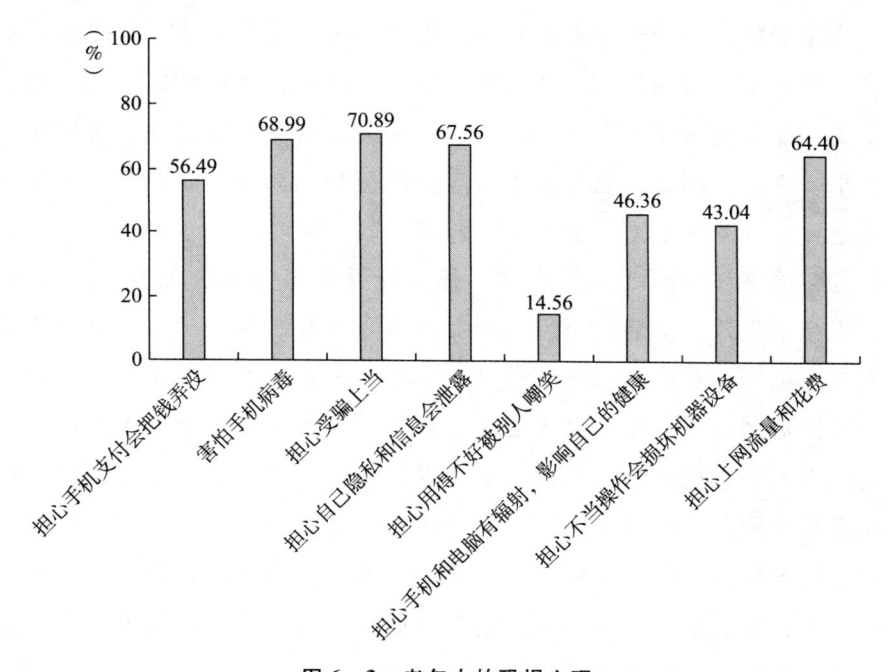

图 6-3 老年人的恐惧心理

- 担心手机支付会把钱弄没：56.49
- 害怕手机病毒：68.99
- 担心受骗上当：70.89
- 担心自己隐私和信息会泄露：67.56
- 担心用得不好被别人嘲笑：14.56
- 担心手机和电脑有辐射，影响自己的健康：46.36
- 担心不当操作会损坏机器设备：43.04
- 担心上网流量和花费：64.40

（三）网络的安全性问题

如前文所述，由于老年人普遍不擅长使用手机和网络，缺乏信息分辨意识，信息甄别能力不足，再加上手机上经常收到恶意短信、诈骗信息和危险链接等，所以老年人容易受到财产损失和健康伤害。因此，老年人识别虚假信息的能力就显得尤为重要。情感需求较强烈且愿意将之投射于互联网世界的老年人容易放松警惕、陷入网络骗局。养生保健偏好则与网络愿景和行动能力都有交互作用，越偏爱养生保健文章的老年人，越认为使用互联网有年龄限制，其互联网融入程度越高，网络自我效能感越低，越容易受骗。换言之，对于那些比较看重生老病死的老年人来说，他们对互联网有着封闭性的愿景，受骗概率会提高。网络自我效能感强的调查对象不容易受骗，而现实互联网体验较多的调查对象，受骗概率会增加，可能与其广泛接触互联网、遇到骗局概率提升有关。

由于老年人自身媒介素养不高，难以辨别广告的真伪，加之新兴的短视频平台准入门槛较低，惩戒措施较少，缺乏长效整顿机制，尚处于流量为王、利益为先的内容生产阶段，一些真伪尚待检验的广告被投放到了平台之中。同时，相关监管部门的缺位等，都为虚假广告商带来了可乘之机，进一步增加了老年人"触网"的风险。

老年网络诈骗问题日趋严重，犯罪分子冒充公检法人员、熟人等，编造银行卡失效、保健品销售、子女生病等虚假信息，对防患意识不足的老年人远程、非接触式地进行经济诈骗等犯罪行为（明乐齐，2019）。闫昕等针对网络上老年人群体受骗的现象，得出了影响老年人受网络诈骗的因素：一是独居老人更容易受到网络诈骗；二是老年人在医疗需求方面更易受到电信网络诈骗；三是老年人信息甄别能力减弱致使老年人更容易受到诈骗。以"假靳东"事件为代表的网络骗局，频频出现在大众视野中，在老年人遭遇的网络骗局背后，是老年人的网络媒介使用困境。老年用户在接触媒介时更容易轻信媒介权威，相信"眼见为实"，难以甄别虚假内容。尤其是近几年人工智能技术飞速发展，假图片、假视频泛滥使得虚假信息的传播更加隐蔽，"假靳东"账号持有者就通过AI技术生产模仿靳东的视频行骗。此时，媒介不仅不是反映现实的"镜子"，反而更像一块可以呈现任意虚拟编造内容的"屏幕"（沈紫嫣，2021）。

统计数据显示（见图6-3），在被访老年人中，认为自己识别虚假信息的能力非常强的仅占6.49%，比较强的只占约三分之一（34.65%），二者合计近四成。而接近一半（45.41%）的老年人认为自己的识别能力一般，具有较大的提升空间。认为自己能力比较弱和非常弱的老年人，分别仅有 6.96% 和 6.49%，比例相对较低。

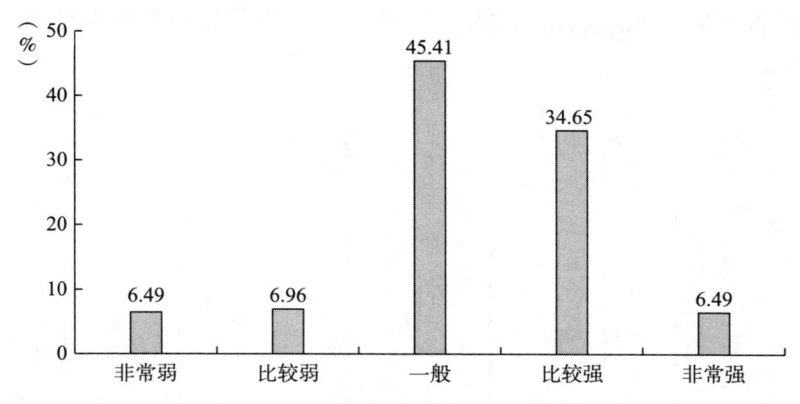

图 6-4　老年人识别虚假信息的能力

老年人由于身体机能退化、学习能力和辨别能力不足，在使用网络的时候，经常出现被骗的情况。上网被骗的经历不仅造成了一定的财物损失，也给老年人的身心带来了伤害。总体来看，统计数据显示，在网络中被骗过的老年人比例为 17.25%，是一个相当高的比例。

从具体领域来看，老年人被骗的种类集中于几个典型方面，如医疗保健、理财金融、团购众筹、手机使用、练功培训等领域，都是老年人上当受骗的重灾区。从统计结果可以清晰看出这几个领域的分布情况。

由于身体机能的退化，老年人不得不经常求医问诊，因而老年人上网被骗的最多类型就是保健品骗局。有超过四成（40.37%）的老年人曾因保健品被骗，因虚假的医疗信息被骗的老年人接近三成（29.36%）。

理财金融领域则是另一个重灾区。这一方面是因为老年人普遍有一些积蓄，想通过存款、理财等途径实现财富的增值；另一方面是因为骗子抓住了老年人节俭的心理特点，利用蝇头小利实施骗局。从数字上看，因免费领红包被骗的老年人比例达到 39.45%，接近因保健品被骗的比例。有 30.28% 的老年人因为高收益理财而被骗。

有团购众筹被骗经历的老人也不在少数。其中超过三成（33.03%）的老年人因为优惠打折/团购商品被骗，11.93% 的老年人因为众筹被骗。

另外，因赠送手机流量被骗的老年人达到 22.02%，有 11.01% 的老年人被虚假的公益捐款诈骗，而各类名目的练功、培训班也使得8.26%的老年人被骗。此外，还有32.11%的老人因为其他各种原因被骗。

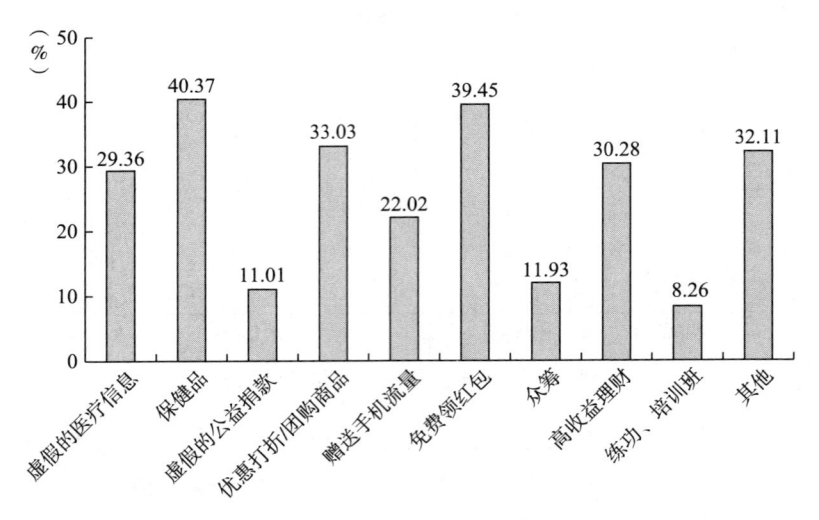

图6-5 老年人被骗的类别

柱状图数据：
- 虚假的医疗信息：29.36%
- 保健品：40.37%
- 虚假的公益捐款：11.01%
- 优惠打折/团购商品：33.03%
- 赠送手机流量：22.02%
- 免费领红包：39.45%
- 众筹：11.93%
- 高收益理财：30.28%
- 练功、培训班：8.26%
- 其他：32.11%

（四）老宅族防沉迷更难

尽管越来越多的老年人融入了数字社会，打开了互联网世界的大门，呈现了其使用互联网和社交媒体的潜力，享受到了"数字红利"，但他们同时又陷入了互联网对于老年人的"控制"与"围猎"之中。越来越多的老年人变成了"宅老"和"手机控"，早上一睁眼就摸过老花镜"戳"手机，晚上很晚还不睡觉，窝在沙发里刷朋友圈。《2020老年人互联网生活报告》根据在趣头条App上日均在线超过10小时的老年人数量推算，全国可能有超过10万名老年人几乎全天候生活在移动网络上。打游戏、聊微信、追网剧、刷短视频让一部分老年人沉迷于网络不能自拔而变成了"网瘾老人"。过度上网给老年人的身体健康带来了很大的负面影响，常常会引发眼疾、头晕耳鸣、颈椎病、失眠以及造成原有基础疾病加重等健康损害。沉迷网络还扰乱了老年人正常的生活秩序，以至于许多老年人不再愿意出门，面对面交流不再亲密，线下社交圈也不断缩小，其社会适应能力不升反降（武宜娟，2021）。

一方面，网络的快速发展和对生活各方面的渗透，使得老年网民的数量不断增加；另一方面，中年网民的老龄化，也在不断扩大老年网民的规模。因此，老年网民在网络使用习惯上，越来越与年轻网民趋同，这直观体现在玩网络游戏上。统计数据显示，有23.26%的老年人玩网络游戏。调研也发现一些老年人玩游戏有点"疯狂"。

-2081488595-我今年73岁了，我就是打游戏，玩游戏玩到三四点钟。能玩到夜里三四点，半夜起来也不玩啊。我老妈也玩。我们都玩消消乐。为什么会玩游戏？我儿子是干IT的，他在北京工作，现在回来了，他以前在外地工作。他回到家里以后就是手机，光玩手机，我妈也不愿意，说"你那玩，也费电哪"，他说"姥姥，我跟你说，以后将来谁家都用这东西，这是必然的东西"。后来我儿子就装Wi-Fi，给我妈买个平板，给我也买个平板，完了以后我们就各玩各的，谁也不说谁了，半宿半宿地玩，谁也不说谁。我打到4000多关，我老妈打到3000多关。我老妈93岁了。

那么，老年人玩游戏的原因和动机有哪些呢？首先，玩游戏是为了获得快乐。有接近四分之三（74.83%）的被访老年人表示玩游戏很开心，能获得愉悦感、忘掉烦恼。其次，有40.14%的老年人玩游戏是为了打发时间，有16.33%的老年人会给身边的朋友推荐游戏。此外，有12.93%的老年人认为游戏中的场景让他感觉和现实生活没什么区别，也有一小部分（4.76%）老年人在玩游戏时忘记做家务等事情。

由于玩游戏的老年人越来越多，玩游戏的时间越来越长，所以这23.26%的老年网络游戏玩家中，出现游戏沉迷问题的老年人越来越多，引发了若干方面的问题。

最突出的问题就是身体问题，尤其是老年人的眼睛长时间看手机屏幕，会更容易出现不舒服的症状。数据显示，有37.03%的老年人因为玩游戏较多出现眼睛不舒服的症状，34.02%的老年人眼睛时有不舒服的情况，仅有 28.96% 的老年人较少出现此症状。

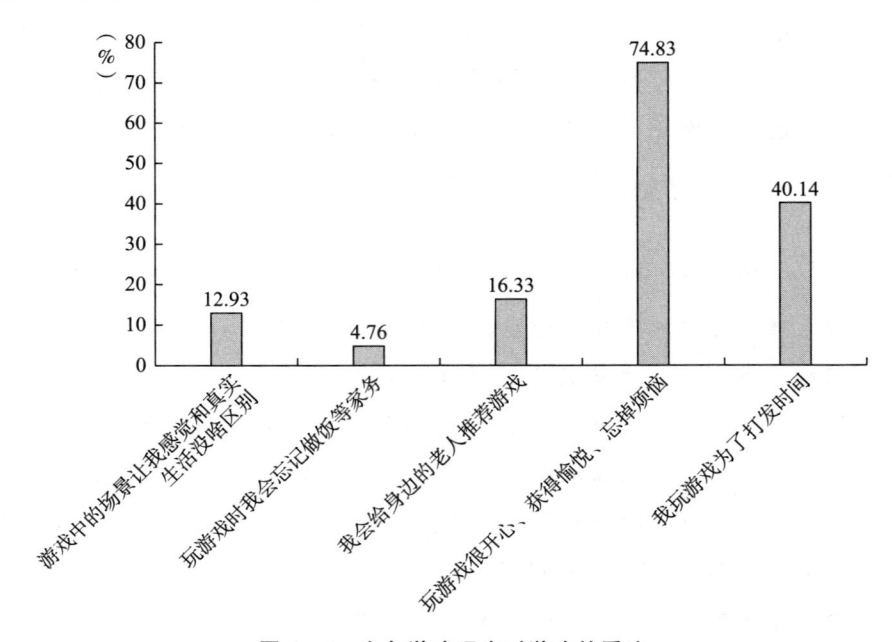

图 6-6　老年游戏玩家对游戏的看法

（柱状图数据：游戏中的场景让我感觉和真实生活没啥区别 12.93%；玩游戏时我会忘记做饭等家务 4.76%；我会给身边的老人推荐游戏 16.33%；玩游戏很开心、获得愉悦、忘掉烦恼 74.83%；我玩游戏为了打发时间 40.14%）

第二是影响家庭关系。老年人手机使用时间过长，就会在一定程度上减少和家人沟通的频率。其中有 13.44% 的老年人和家人的沟通频率有较大幅度的减少，有 6.65% 的老年人因此经常被家人抱怨。相比之下，34.81% 的老年人有时会减少和家人沟通，23.90% 的老年人有时会被家人抱怨。尽管如此，家人对老年人玩游戏的态度仍是相对正面的。其中有超过五成（51.74%）的老年人认为较少出现和家人沟通频率减少的情况，有接近七成（69.47%）的老年人较少被家人抱怨。

第三是耽误其他事情。较多发生的比例为 8.07%，有时发生的比例为 31.17%，较少发生的比例为 60.76%。

由此，老年人群体沉迷网络现象的舆论关注度持续走高。舆情大数据显示，后疫情时代老年人沉迷网络的舆论热度相较于疫情前有显著提升，热度指数普遍增加 8%~10%。

数据还显示，第一，舆论热议老年人沉迷的主要场景仍集中在短视

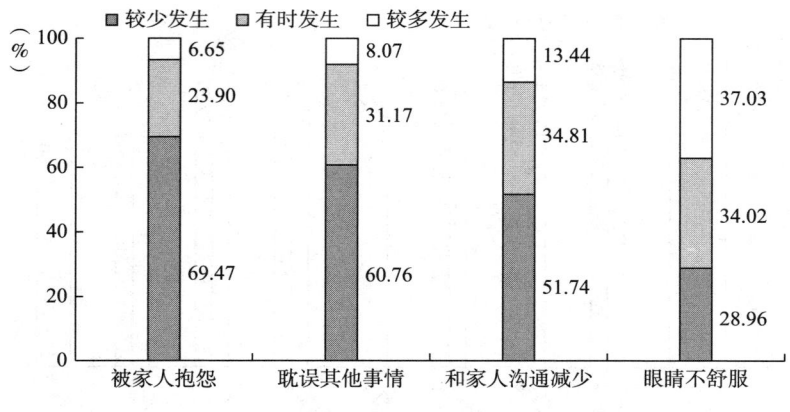

图 6-7　老年人网络沉迷的症状及发生频率

频、游戏和直播等领域。其中，2020年，排名前三的分别是看短视频、棋牌和直播，热度指数分别为 86.53、78.35 和 78.06。而 2019 年的前三位分别为看短视频、打游戏和直播三类，热度指数分别为 80.27、72.20 和 72.14。

第二，从疫情后舆论对老年人沉迷网络的讨论数量的增长程度来看，老年人沉迷网络棋牌的讨论数量增长最快，热度指数增长了 9.30；其次是短视频和网络直播，热度指数分别增加了 6.26 和 5.92。打游戏的热度指数增幅最小，仅为 1.08。此外，对老年人沉迷网络小说的关注一直处在较低水平，2020年沉迷网络小说的热度指数仅为 60.42，2019 年更是低至 56.16，2020 年相对于 2019 年热度指数增幅仅有 4.26。

自 2020 年以来，随着互联网、智能手机的普及，老年人群体沉迷短视频、直播、棋牌等网络娱乐活动的现象越来越受到舆论关注。其中，老年人群体沉迷短视频问题尤为严重，除浪费时间外，还容易被短视频良莠不齐的内容侵蚀而不自知。在子女无法满足老年人群体的陪伴需求时，网络主播激情洋溢的讲解易让老年人产生陪伴感，亲身参与评论互动则让老年人产生归属感，使得老年人沉迷直播不能自拔。从表面上看，老年人群体的生活似乎因为网络而充实，但实际上老年人群体的情感落寞、社交缺乏使得他们更容易受到网络信息影响。

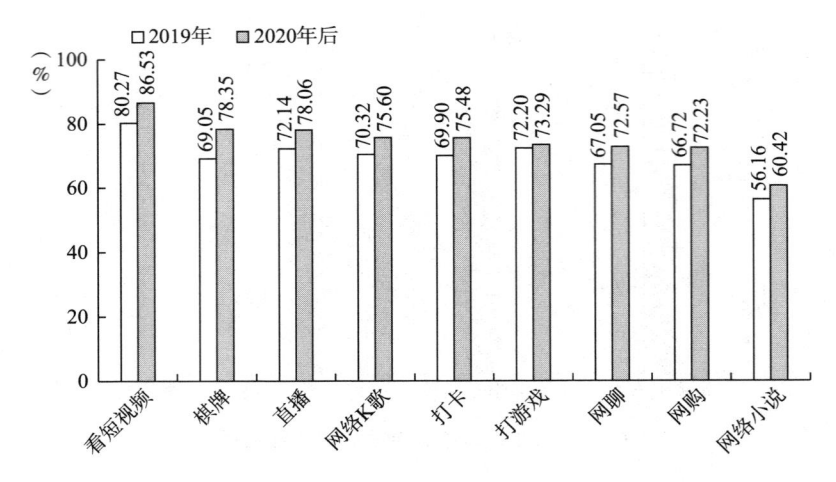

图 6-8 老年人群体沉迷网络相关场景热度指数对比

资料来源：新闻、微博、微信公众平台、论坛博客等舆论渠道传播数据。

社会舆论认为，当前让老年人群体"脱网"并不现实，当务之急是合理引导老年人群体的上网行为并为其提供更多替代性选择，为老年人群体创造社交、健身和学习的条件，让他们主动放下手机、走出家门。在社会进入老龄化后，老年人群体"防沉迷"已是全社会都需共同面对的话题，"网瘾老人"需要得到全社会的正视与呵护。

（五）非理性消费风险大

通过大数据分析，将获取的各平台网民评论进行抽样，通过机器语义识别单条文本情感倾向，将网民所表达的担忧、质疑等情绪聚类，通过标准化和加权计算法得到各个风险点的风险指数和热度指数。

数据表明，社会舆论认为老年人网络生活的风险主要集中在以下几个方面：网络素养不足轻信网络谣言、手机功能使用不便、非理性消费购买"三无"产品、不懂网络流行语难以融入网络环境、手机 App 存在安全风险以及沉迷网络影响身体健康等。最值得关注的是，社会舆论对老年人群体在使用手机时非理性消费的关注度最高（67.21，73.99）。特别有趣的是，在 2017 年的调研中，老年人最大的非理性消费风险是在线下购买保健品，但 2021 年的调研结果显示老年人最大的非理性消费风险变为过度网络购物。因网络上商品质量参差不齐，老年人群体难以辨别商品质量好坏，反而为了贪小便宜，囤积了大量的劣质日用品，同时老年人群体容易步入网络保健品和营养品的陷阱中，购买甚至邮"送"给外地的子女，令不少子女苦不堪言。

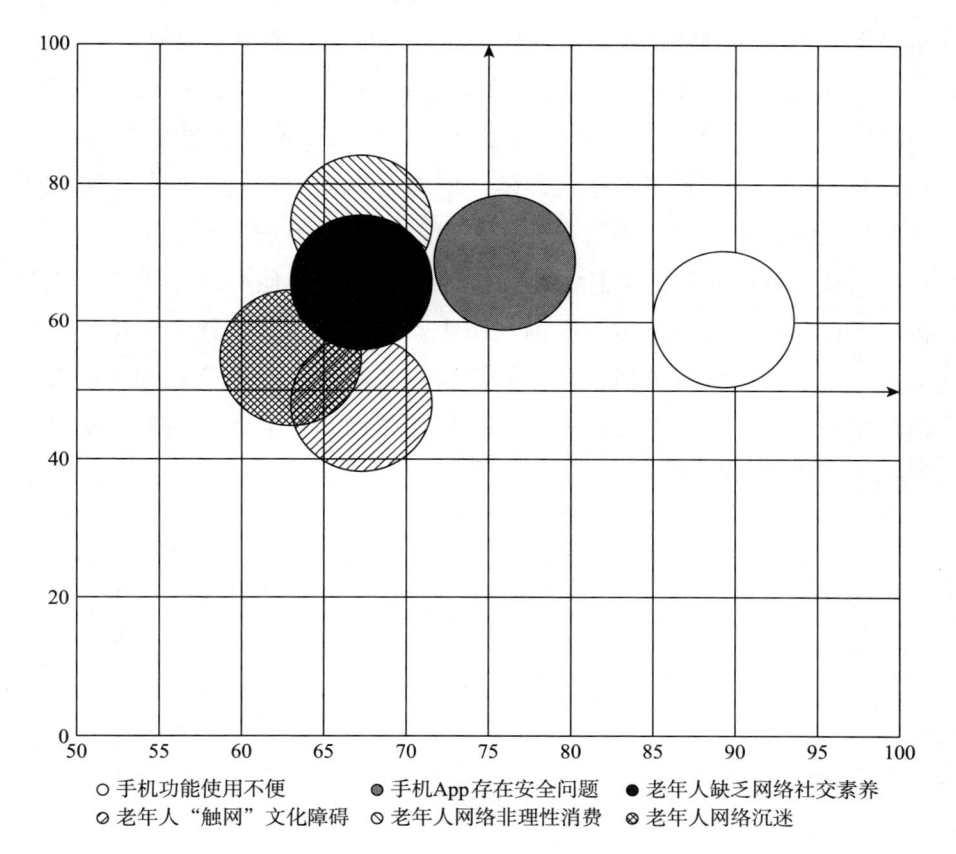

○ 手机功能使用不便　　● 手机App存在安全问题　　● 老年人缺乏网络社交素养
◎ 老年人"触网"文化障碍　　◎ 老年人网络非理性消费　　⊗ 老年人网络沉迷

图 6-9　老年人群体手机上网问题舆论风险感知

资料来源：新闻、微博、微信公众平台等舆论渠道网民评论数据（样本量 N = 103.6 万）。

其中，社会舆论对老年人手机功能使用不便的关注度较高（89.30，60.17）。从手机功能使用不便的角度来讲，近年来老年人群体手机办理医保、社保不便等问题频发，引起社会广泛关注，另外手机屏幕字体大小、颜色等不符合老年人群体浏览习惯的问题长期存在，令不少 App 开发商开始为其单独设计"老年模式"或开发"老年人群体专用 App"。此外，手机 App 安全问题受到舆论关注（75.95，68.45），2021 年 3·15 晚会曝光手机清理软件窃取老年人的个人信息更掀起舆论关注热潮，社会舆论担忧手机中的短信链接、木马病毒会威胁老年人的隐私及财产安全，希望相关部门整顿此类软件以免老年人信息安全受到威胁。

与此同时，老年人"触网"文化障碍也有一定的关注度（67.28，47.71），文化障碍在一定程度上强化了老年人网络素养匮乏的现状（67.34，65.86）。由于老年人群体"触网"时间有限，对网络上真假参半的信息缺乏筛选和鉴别能力，往往会轻信网络上的饮食养生、疾病医疗、公共政策等方面的信息，此类信息还利用"利他心理"借老年人群体之手得到更广泛的传播，影响网络生态环境。最后，社会舆论还担忧老年人群体网络沉迷等问题，希望社区或者街道多开展公益性活动普及网络知识，劝导老年人合理安排手机使用时间，让老年人更好、更健康地享受手机带来的便利。

第七章
唤起主体性的适老化政策3.0

一　老年人网络学习的四重障碍

互联网技术在人们日常生活中的应用，比以往任何一次技术革命都更强有力地改变了人们的生活方式，老年人不可避免地被卷入网络生活之中，在积极应对人口老龄化国家战略背景下，适老化改造已然成为无法规避的时代课题。尽管当下适老化改造任务紧迫而急切，但需要清楚地认识到适老化改造并非一朝一夕之功，而是一个长期的过程。关键原因在于网络生活对老年人来说是一个新事物，老年人的学习曲线与青少年和成年人截然不同，不可能在短时间内一蹴而就，一劳永逸地从"数字遗民"变为"数字移民"，完全融入互联网社会的网络生活中去。

持续影响老年人学习网络技能的基本因素还有老年人的身体机能。在感觉和感知上，老年人的视觉敏感度下降、听力减弱、手指灵敏度降低，不利于他们实现网络终端和智能设备的灵活操作。在认知层面，老年人的语义记忆、前瞻记忆、程序记忆、工作记忆都在衰退，学习软硬件的操作程序更慢，而且需要反复、多次地强化，才能够克服记忆衰退的影响。老年人的学习曲线与青少年和成年人相比存在比较大的差别，突出地表现为"学得慢、忘得快"。根据艾宾浩斯遗忘曲线，一般人们学习的知识在一天之后只能存留1/3左右，而老年人学习网络操作知识的存留比例可能要更低。故而，想要引导老年人融入互联网社会既要做好网络接入、硬件设备和应用软件的适老化，也要唤起老年人的主体性，让他们在网络实践过程中认可自己的能力，自主、主动、自由地参与到网络生活中。

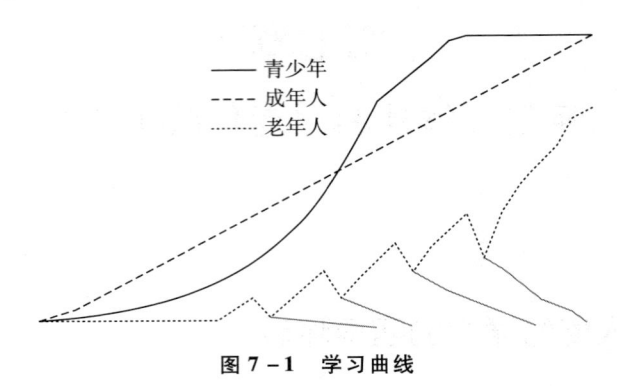

图 7-1 学习曲线

唤起老年人的主体性需要克服多重困难，根据调研中的发现，本研究通过图 7-1 呈现青少年、成年人和老年人的学习曲线。青少年作为"网络原住民"，他们从小就能够接触到网络生活、学习网络技能，加上他们生理条件的优势，学习曲线呈现指数型增长的特点，能够很快地掌握各种网络技能，完美地融入互联网社会。成年人虽然是"网络移民"，但保持着较强的学习能力，且在工作和生活中不可避免地使用到网络工具，他们的学习曲线呈现直线型增长。老年人的学习曲线则呈现波浪型增长态势，在外力的帮助下，他们可以在短时间内学会相应的网络操作技能，不过一旦无法保持较高的使用频率和重复训练，很快就会忘记操作方法，特别是在日常生活中不能经常用到的网络操作技能，基本上就是学了就忘，他们甚至自我放弃，成为互联网社会中"被遗忘的主人"。总结调研中的发现，老年人提升网络技能水平主要面临着四重障碍。

（一）第一重：网络接入障碍

第一重障碍就是传统意义上的网络接入。从 CNNIC 公布的老年人使用网络的数据可以看到，在以智能手机为主要客户端的移动互联时代到来之前，老年人的网络接入率是很低的，即便是到了网络普及程度较高的2012年，老年网民的占比还不到网络人口的2%。在廉价的智能手机快速普及之后，老年人网络接入终于有了解决方案，老年网民的比例出现了第一波较快速度的增长。但第一波增长中老年人使用网络依然受制于三个主要因素。一是手机硬件限制，智能手机设计方案主要针对青年用户，没有充分考虑到老年人使用的特点，老年用户属于被忽略的群体。在使用不便的情况下，还出现了老年人抛弃智能手机，回归功能机和老年机的现象。二是手机软件操作难度较大，点击、滑动、拖动等看似简单的操作，对老年人来说还是有非常大的挑战，特别是第一次接触智能手机的老年人在学习这些动作的过程中或多或少都会出现一些畏难情绪。一些老年人即便拿到了智能手机，也将其当作功能机和老年机来使用。三是流量资费较高，老年人本着勤俭节约的心理，尽可能少地使用网络应用，之前调研还发现一些老年人背着移动Wi-Fi外出活动的情况。这三个主要因素导致老年人使用网络的第一波增长速度和幅度都是相对有限的。

（二）第二重：软件操作障碍

在2020年开始的适老化改造之前，2014~2019年在国家政策的导向下，移动运营商的流量资费在不断下调，同期老年人的养老金和退休金有了一定幅度的提高，流量资费的问题在一定程度上得到解决，影响网络接入的主要是硬件设施和软件应用的问题，这也是此次工信部主导的网络适老化改造的重点，非常有针对性地来解决老年人网络接入的软件操作障碍问题。从目前手机制造商和网络大平台的适老化改造过程来看，一些功能在适老化改造要求提出之前就已经有了较为成熟的技术支撑，工信部提出的相关要求在技术上并不难实现。尽管在国家的高度重视下，老年人有望跨过第二重障碍，但需要提醒的是，大部分手机制造商和网络大平台的适老化改造并不是以老年人为中心进行的，而是以工信部要求为底线的改造，老年人在互联网社会中的主体地位依然是被忽视的。

（三）第三重：网络安全障碍

截至 2021 年底，手机制造商和网络大平台的适老化改造已经顺利完成，老年人提升网络技能水平的第二重障碍基本被清除，但这极有可能加快第三重障碍的产生。从调研情况来看，老年人使用网络出现了两个明显冲突的现象。一个是老年人依然存在诸多的恐惧，比如科技恐惧、社交恐惧、支付恐惧、Wi-Fi 恐惧、下载恐惧、套餐恐惧等。这些恐惧的存在有可能导致老年人依然保持着一种因对互联网社会中的智能设备、网络应用和技术服务恐惧而产生的排斥和拒绝的心态，不会用、不敢用、不肯用智能设备和网络应用的情况依然会存在。调查发现，在新冠肺炎疫情的倒逼作用下，老年人在被迫接触和开始融入网络之后获得了巨大的使用信心和极强的积极性，但这种"溢出"信心和积极性极有可能被利用，网络诈骗、网络沉迷、非理性消费、虚拟交友骗局等，都是在工信部主导的软硬件适老化改造之后可能集中爆发的现实问题。这些问题又有可能经过媒体的渲染和传播反过来加剧老年人的科技恐惧、社交恐惧、支付恐惧等，在社会中加固和强化老年人是网络弱势群体的刻板印象，打消老年人融入网络社会的积极性，形成一个适老化改造后的恶性循环。因而，在这一轮适老化改造清除软硬件障碍之后，应该尽快将清除老年人所面临的第三重障碍作为重点，加强打击针对老年人的网络诈骗、网络沉迷、非理性消费、虚拟交友等行为，为老年人营造一个清朗、安全、可信的网络空间。

（四）第四重：重塑主体障碍

在前三重障碍中，老年人始终是以互联网社会的弱势群体和被保护者的社会形象出现的，在现实生活中，老年人群体的弱势形象甚至得到了他们的自我认同，老年人群体融入网络生活的信心也随之降低。尽管在新冠肺炎疫情突袭而至之后，老年网民的比例出现了跳跃式增长，其群体规模约 1.23 亿人，但很少有智能手机制造商和网络平台将老年人视为真正的用户主体。事实上，在后疫情时代，老年人在网络生活中的创造力得到了极大提升，他们比其他群体更需要社会认同和家庭尊重，从而使其找到自我，再造融入网络社会的信心，更加积极主动地拥抱网络社会。

研究发现，虽然在老年人在互联网社会中不适应和与网络生活"脱嵌"的影响因素中，身体机能衰退是不可避免的生理性因素，但让他们脱离互联网社会生活更重要的因素是他们的经济角色边缘化、社会角色单一化、角色定位偏倚、自我效能感缺失、个体尊严丧失等社会性因素。与不可逆转的生理性因素不同，社会性因素是可以通过社会文化进行重塑的，而重塑社会文化的核心是让老年人回到舞台的中央，找回他们的主体性。其中有两点最为重要。一是重视老年人在社会中的话语权。众所周知，由于在虚拟空间中青年人的话语表达欲望更为强烈，互联网社会的话语权在某种意义上掌握在年轻人手里，他们具有很强的议题设置能力；而老年人带有网络时代弱势群体的刻板印象，在网络空间中始终是被忽视的群体，即便是在疫情期间遭遇困境之后，人们对老年网民的关注依然是以同情和帮助为主，很少能够看到老年人在网络虚拟空间中表达自己的意见和看法，也没有媒体会真正关注到老年人的真实想法。二是重视家庭内部成员对老年人的尊重。在家里不难看到这样的画面，几岁的孩童都能够比老年人更加熟练地操作智能手机或者平板电脑，老年人自然也位于家庭内部手机操作鄙视链的底端。不只是儿女会在教父母学习手机操作技能时不耐烦，孙子女都有可能在"教育"爷爷奶奶时觉得他们太笨。在缺乏足够尊重的情况下，老年人更多地选择退缩，而非进取，自觉地放弃了主动拥抱网络生活的可能性。由此可见，推动老年人积极主动拥抱互联网社会，重塑他们的主体性，需要全社会的努力。

二 后疫情时代适老化舆情的关注热点

适老化改造政策一经推出就引起了全社会的关注，社会的关注点从老龄化到老年人使用网络工具的风险，再到智能养老设备、老年网络沉迷风险，还有适老化改造重点等内容。虽然舆论观点并不完全是老年人提出的，或许与老年人的观点存在一定的差异，但对政策制定者而言却有比较大的参考价值。

（一）经济发达地区更关注老龄化

近年来，中国人口老龄化速度逐渐加快，老龄化带来的问题随之显现。从数据上来看，舆论对老龄化的担忧情绪呈波动上升的趋势，并随着"七普"数据的公布而出现一个峰值。

从2019年1月1日至2021年5月1日，社会对于人口老龄化的担忧指数相对平稳，平均值只有54.1，并缓慢增加。但随着2021年5月"七普"数据公布，社会对人口老龄化的担忧指数大幅增加。"七普"数据显示，我国60岁及以上人口占比升至18.70%，其中65岁及以上人口占比升至13.50%，而10年前的第六次全国人口普查中这两项数据分别为13.26%和8.87%。同月，中共中央政治局召开会议，审议了《关于优化生育政策促进人口长期均衡发展的决定》，做出"实施一对夫妻可以生育三个子女政策及配套支持措施"的重要战略部署，这是中国为积极应对人口老龄化推出的一项生育政策。受"七普"数据公布和三孩政策双重影响，舆论对中国人口老龄化问题的担忧情绪突增，在6月达到波峰。

按照中国地理分区分析，不同地区的担忧程度体现出了经济发展程度的差别。

首先，华南、华东地区是我国经济最发达的经济区域，此地区网民对老龄化问题的担忧相较于其他地区显得尤为突出，两个地区的占比分别为23.0%、21.5%，人们担心人口红利消失导致劳动力不足，影响中国经济增长速度。

其次，西北地区老龄化程度相较于其他地区偏低，该地区经济相对落后，网民对老龄化问题担忧程度相对较低。而作为我国老工业基地的

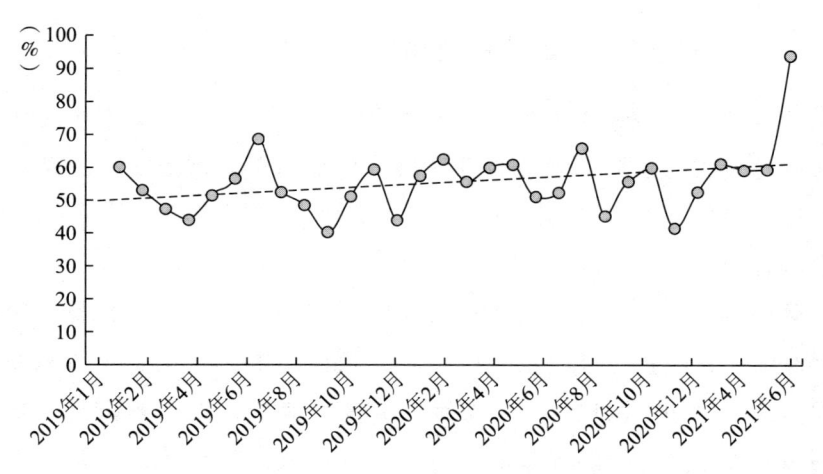

图7-2 舆论对老龄化相关信息的担忧趋势

资料来源：新闻、微博、微信公众平台等舆论渠道网民评论数据（样本量 N = 197.8万）。

东北地区，随着经济衰退，就业机会减少，人口迁移比例持续升高，人口外流导致东北地区老龄化问题十分严重，选择留在东北地区的多为中老年群体，他们对经济发展缺乏危机意识，因此担忧占比仅有20.3%。另外，经济实力强劲的华北和华中地区以及经济持续增长的西南地区网民对中国老龄化问题也表示担忧，其占比居于中国七大地区中位。

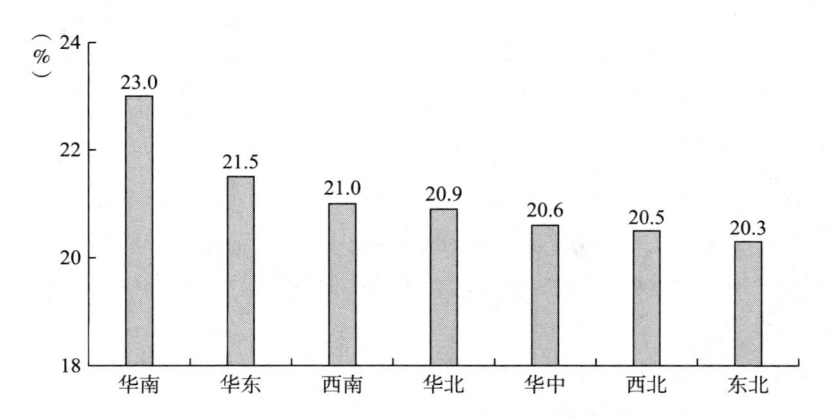

图7-3 舆论对老龄化相关信息地区担忧占比分布

资料来源：微博舆论渠道网民评论数据（样本量 N = 65.7万）。

(二) 担忧老年人群体沉迷网络落入电诈陷阱

基于各场景涉老年人群体沉迷网络相关话题的 1500 条网民评论文本，通过大数据聚类、语义分析等归纳总结出舆论观点。总的来说，舆论意见主要集中于对老年人群体的关心以及针对网络平台的规范化要求，其中前者的舆论关注度更高。

第一，网民评论最担忧老年人群体对网络过分依赖，容易受骗、遭受财产损失，对自身健康也会产生较大负面影响，有近 1/3 的网民评论体现出这个关切。网民称，"老年人群体可能会受短视频以及朋友圈转发的一些养生文、治病经影响，有病了也不去医院诊治，而是迷信各种偏方，结果导致病情延误"。

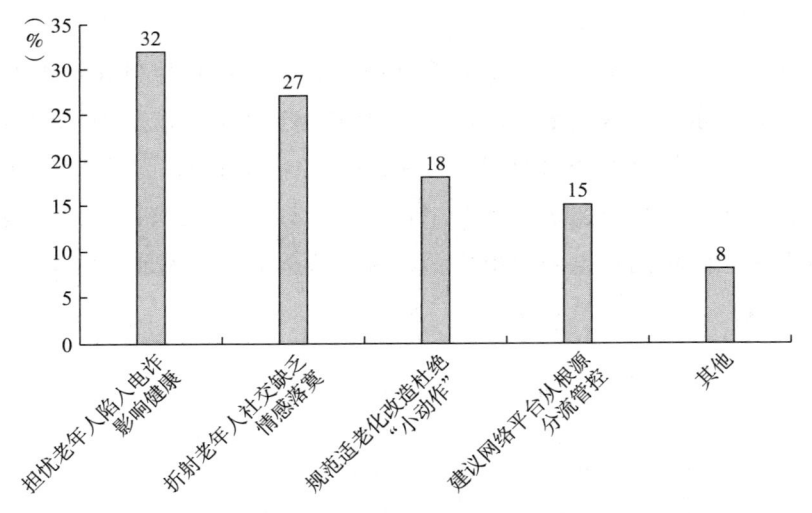

图 7-4　担忧老年人群体沉迷网络娱乐相关信息舆论观点
资料来源：新闻、微博、微信公众平台等舆论渠道网民评论数据（样本量 N = 1500）。

第二，18% 的评论担心老年人因社交缺乏和情感落寞而产生心理问题。因此，网络舆论也呼吁家庭支持，强调子女的关心关爱对老年人情感需求的满足。这也从侧面折射出社会和子女对老年人群体的关爱不到位。网民称，"有些老年人上网是为了能够维系家庭情感和熟人社交圈。

为了和晚辈有共同语言，有些老年人还学着用手机去玩游戏，从自己不了解的领域接触，结果却造成自身网络成瘾"。

第三，15%的评论呼吁规范适老化改造措施，杜绝"割韭菜"等小动作。网民称，"推进网络应用适老化改造，是要帮助更多老年人跨越'数字鸿沟'，而不是将他们推向对网络的沉迷之中。一些网站在改造过程中借机对老年人群体'割韭菜'的'小心思''小动作'，应该及时叫停"。

第四，建议网络平台加大监管力度。网民称，"互联网环境应该要'护老'，建议从平台处进行监管和控制，对不适宜老年人群体、容易导致老年人群体产生依赖的内容不进行推送，从根源进行分流和管控"。

（三）健康监测、佩戴类智能产品成为关注热点

设置相关话题关键词进行检索，研究团队获得了相关传播数据，通过标准化计算得到舆论对各个养老智能产品的讨论热度指数。数据显示，相关养老智能产品的舆论热度指数呈现三个层次的梯队。

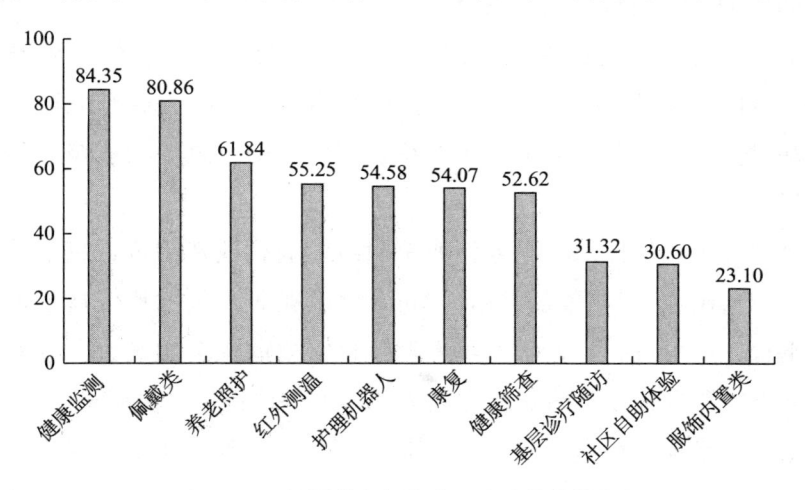

图 7-5　相关养老智能产品舆论热度指数

健康监测 84.35；佩戴类 80.86；养老照护 61.84；红外测温 55.25；护理机器人 54.58；康复 54.07；健康筛查 52.62；基层诊疗随访 31.32；社区自助体验 30.60；服饰内置类 23.10

资料来源：新闻、微博、微信公众号、论坛、博客等境内网络场景传播数据。

第一梯队，舆论对养老智能产品中的健康监测和佩戴类智能产品的讨论度位居前列，舆论热度指数均超过80。综合来看，健康监测和佩戴

类智能产品价格适中，操作简单易推广，便于老年人群体使用。此类产品的创新细节与优化需求也是舆论讨论的焦点。

第二梯队，有关养老照护、红外测温、护理机器人等智能产品获舆论较多讨论，康复和健康筛查等产品也获得了较多关注，这些讨论与近些年智能养老产业发展趋势有所契合。舆论对数字驱动健康、智慧赋能养老表示高度认可，认为智能照护设备助力养老行业数字化转型，进一步解决了失能老年人的养老之困。

另外，舆论对基层诊疗随访、社区自助体验、服饰内置类等养老智能产品也有一定关注，但舆论热度指数相对较低。

（四）与老年人共享生活最被舆论期待

设置相关话题关键词进行检索，研究团队获取了各平台网民评论抽样。基于各场景涉解决"数字鸿沟"问题相关话题的1000条网民评论文本，通过大数据聚类、语义分析等归纳总结出网民期待解决"数字鸿沟"问题的相关信息的舆论观点。

第一，网民最期待的是加强信息无障碍建设，以硬件设施升级为重点，帮助更多人共享数字生活。网民称，"要采取多种手段，推进数字基建、数字服务、数字应用的积极探索，助力更多人群跨越'数字鸿沟'"。

第二，优化软件内容服务，加大网络适老化改造力度，辐射数字生活人群。网民称，"当前的网站、App，尤其是带有公共服务属性的网络应用平台，要更进一步，从老年人群体最需要的服务出发，有针对性地整合功能、资源，以更简便的方式为老年人群体提供更多服务"。

第三，增加现场指导和帮办等服务，设置"服务驿站"促进代际共融。网民称，"老年人群体已成为'数字鸿沟'主要群体，帮助其运用智能技术、融入智慧社会很有必要，可以通过帮办和指导服务加大宣传力度，促进代际共融"。

第四，加大资金投入和人才培养力度，加快数字技术革新，努力消

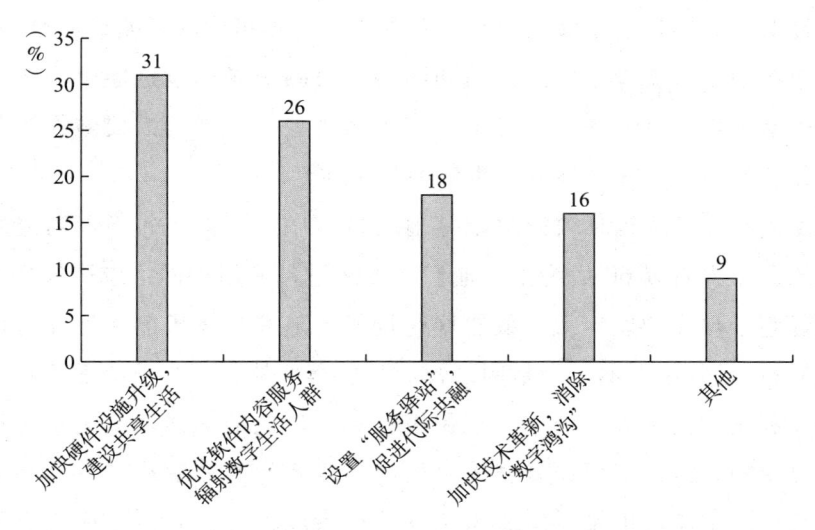

```
   (%)
35
      31
30         26
25
20             18
                   16
15
10                     9
 5
 0
   加快硬件设施升级、  优化软件内容服务、  设置"服务驿站"、  加快技术革新、消除  其他
   建设共享生活     辐射数字生活人群   促进代际共融    "数字鸿沟"
```

图 7-6 期待解决"数字鸿沟"问题的相关信息的舆论观点

资料来源：新闻、微博、微信公众平台等舆论渠道网民评论数据（样本量 N=1000）。

除"数字鸿沟"。网民称，"数字经济时代，数字人才是助力数字化转型、推动经济增长的关键，国家和企业要加大投入成本，搞创新搞改革，尽可能惠及大众，缩小'数字鸿沟'"。

三 适老化政策 3.0 的思路

第二章回溯了最近几年来，中国政府部门针对老龄化出台的主要政策，这些政策可以按照疫情前和疫情后大致划分为政策 1.0 和政策 2.0 两个主要阶段。在政策 1.0 阶段，针对老年人的适老化涵盖了养老、健康、照护等多个方面，但这些适老化的主要思路是将老年人作为重要消费群体，及其带动形成的银发经济和银龄产业，从行业产业、产品设计开发的角度进行了相应的政策激励和规范，主要依靠的手段还是市场化手段。

疫情将老年人卷入了网络生活，也推动适老化政策进入 2.0 阶段，智能手机制造商和网络平台的适老化已然不再针对简单的市场和产品，而是针对互联网社会中涉及每个人日常生活、不可或缺的基础社会服务。在行政指导下，智能手机制造商和网络平台的适老化改造能够为老年人网络生活提供良好的条件和环境，却依然将老年人视为需要被保护的弱势群体，忽略了老年人在网络生活中的主体性。

尤其是在延迟退休政策逐渐落地的过程中，未来十年新面对老龄化问题的老年人将以60后为主，他们在智能设备使用和网络应用操作技能方面远胜于现在的老年人，虽然这些技能会随着身体机能衰退而有所下降，但60后老年人不完全是网络社会的弱势群体，而是社会需要进一步开发和利用的健康人力资本，在积极应对人口老龄化国家战略中是社会不可忽视的人群。因而，后疫情时代网络适老化改造应从重视和唤起互联网老年人主体性出发，形成系统性的社会政策，在思路上应当有五个方面的转变。

一是从保护老弱者向唤起主体性转变。在政策2.0阶段，政府部门出台的指导意见的重要之处在于保护老弱者，消除网络鸿沟，维护互联网社会公平，在全社会引发共鸣，并取得了较好的成效。需要注意的是，互联网社会中影响老年人网络生活质量的关键是他们有没有被唤起主体性，能不能通过网络实践实现自主、主动、自由的参与，因而从保护老弱者向唤起主体性转变尤为重要。

二是从行政性措施向政策性措施转变。此次适老化改造是通过行政措施得以推进的，其优点是可以在短期内取得成效，缺点是缺乏工作的长效机制，在行政指令性任务完成之后，目前的良好成效可能是昙花一现的。因此，网络适老化政策3.0阶段要充分采取法律的、经济的、技术的和行政的手段实施综合政策性措施，确保适老化改造能够形成一个与互联网社会并行的长效机制。

三是从专项式整治向框架式合作转变。此次适老化改造以为期一年的专项式整治形式出现，属于新冠肺炎疫情紧急情况下的权宜之计，治理的主要对象是网络设备制造商和网络平台，缺少了各方主体的广泛参与。下一步的政策3.0阶段应当明确适老化改造的整体性框架，扩大各方参与和明确参与方的主体责任，融合社区、家庭、社会组织等社会力量，形成在同一个框架下各方协作参与的合作模式。

四是从议题式治理向源头式治理转变。老年人的"数字鸿沟"问题不只是操作困难，议题式治理针对的是当下迫切需要解决的重要问题，真正要消除老年人面临的"数字鸿沟"需要全方位的源头式治理，比如在网络安全、网络欺诈、网络内容生产、老年人防沉迷等可能会滋生更多的网络风险因素的领域，需要提前布局，打击针对老年人的网络犯罪，以源头式治理的方式，为老年人打造清朗的网络空间和良好的网络生活环境。

五是从软硬件改造向新文化塑造转变。调研发现，软硬件改造是老年人上网的前置条件，老年人网络行动远景、信息能力和信心、学习态度、数字生活的嵌入程度亦对其网络使用有重要影响。改变老年人刻板的负面数字形象，尊重老年人的话语权和主体性也是至关重要的。而这些社会性因素的改变，并非软硬件改造所能实现的，而是要在全社会打造尊老、爱老、敬老的新文化，在互联网相关的行业和平台也要形成"科技为老"的企业新文化。

参考文献

安利利、王兆鑫，2020，《孝道与平权：数字鸿沟中的文化反哺与再哺育——大学生与父母在微信平台上的亲子关系研究》，《中国青年社会科学》第 4 期。

白学军、于晋、覃丽珠等，2020，《认知老化与老年产品的交互界面设计》，《包装工程》第 10 期。

陈勃、樊国宝，2003，《老年人传媒接触状况的调查与分析》，《社会科学》第 12 期。

陈静、江海霞，2013，《角色理论视域下精英老年人社会参与的特征和价值探析》，《河北科技大学学报》（社会科学版）第 1 期。

陈乾，2021，《抖音短视频"银发网红"的媒介形象塑造研究》，《新媒体研究》第 1 期。

陈文沁，2020，《老龄化社会中的数字鸿沟与数字赋能》，《青年记者》第 25 期。

陈月华、兰云，2010，《基于中国文化的老年群体媒介诉求分析》，《现代传播（中国传媒大学学报）》第 9 期。

刁春婷、曾美娜，2020，《老年人网络自我效能感与网络诈骗应对的关系》，《中国老年学杂志》第 10 期。

丁魁礼、钟书华，2013，《从知识问题到创新集群知识治理：一项新的研究议题》，《自然辩证法研究》第 5 期。

杜鹏、陈民强，2021，《积极应对人口老龄化：政策演进与国家战略实施》，《新疆师范大学学报》（哲学社会科学版）第 2 期。

杜鹏、韩文婷，2021，《互联网与老年生活：挑战与机遇》，《人口研究》第 3 期。

杜鹏、李龙，2021，《新时代中国人口老龄化长期趋势预测》，《中国人民大学学报》第 1 期。

端文慧、赵媛，2016，《老年人信息意识状况与提升对策——以老年人上当受骗为视角》，《图书馆》第 5 期。

方惠、曹璞，2020，《融入与"断连"：老年群体 ICT 使用的学术话语框架分析》，《国际新闻界》第 3 期。

佛罗伦，科尔伯格，2016，《银发市场现象：老龄化社会营销与创新思维》（第 2 版），东北财经大学出版社。

高兰英，2015，《大众传播媒介建构下的老年媒介形象研究》，《东南传播》第 3 期。

高文珺、何祎金、朱迪、王晓冰，2019，《中老年社会心态和互联网生活》，社会科学文献出版社。

官晓东，2015，《老年人群人机特征研究述评——基于信息科技产品使用》，《北京理工大学学报》（社会科学版）第 5 期。

郭子辉、金梦玉，2014，《老年群体媒介形象的窘境与重构》，《传媒观察》第 12 期。

韩振秋，2017，《略论老年人科技恐惧症及其治理》，《中国老年学杂志》第 22 期。

郝福庆、王谈凌、鲍文涵，2019，《积极应对人口老龄化的战略思考和政策取向》，《宏观经济管理》第 2 期。

何灿群、谭晓磊，2020，《智慧养老背景下的老年人数字阅读界面设计研究综述》，《包装工程》第 20 期。

何铨、张湘笛，2017，《老年人数字鸿沟的影响因素及社会融合策略》，

《浙江工业大学学报》（社会科学版）第 4 期。

何燚宁，2019，《创新扩散视角下银发族对短视频的使用行为研究——以"抖音"短视频为例》，《今传媒》第 12 期。

何志武、董红兵，2021，《短视频"下乡"与老年群体的日常生活重构——基于一个华北村庄的田野调查》，《新闻与传播评论》第 3 期。

贺建平、黄肖肖，2020，《城市老年人的微信使用与主观幸福感：以社会资本为中介》，《新闻界》第 8 期。

侯蔺，2017，《积极老龄化视角下我国积极养老的实践探索》，《老龄科学研究》第 12 期。

胡婳溦，2019，《城市老年人微信使用的"灰色数字鸿沟"和家庭代际交流研究》，硕士学位论文，暨南大学。

胡泳，2015，《新词探讨：回声室效应》，《新闻与传播研究》第 6 期。

黄晨熹，2020，《老年数字鸿沟的现状、挑战及对策》，《人民论坛》第 29 期。

黄荣贵、骆天珏、桂勇，2013，《互联网对社会资本的影响：一项基于上网活动的实证研究》，《江海学刊》第 1 期。

黄瑞，2021，《积极老龄化视角下老年人智能鸿沟的弥合策略》，《视听》第 8 期。

黄钟军、潘路路，2018，《从中老年表情包看网络空间的群体身份区隔》，《现代传播（中国传媒大学学报）》第 4 期。

蒋俏蕾、刘入豪、邱乾，2021，《技术赋权下老年人媒介生活的新特征——以老年人智能手机使用为例》，《新闻与写作》第 3 期。

蒋重清、姚潇囡、李敏，2008，《城市老年人社会角色的三维调查》，《中国健康心理学杂志》第 4 期。

金耀基，2010，《从传统到现代》，法律出版社，第 115 页。

靳永爱、赵梦晗，2019，《互联网使用与中国老年人的积极老龄化——基于 2016 年中国老年社会追踪调查数据的分析》，《人口学刊》第

6 期。

李彪，2020，《数字反哺与群体压力：老年群体微信朋友圈使用行为影响因素研究》，《国际新闻界》第 3 期。

李成波、陈子祎，2019，《我国老年人媒介形象的建构及存在的问题》，《青年记者》第 3 期。

李春玲、吕鹏，2008，《社会分层理论》，中国社会科学出版社。

李春玲，2005，《当代中国社会的声望分层——职业声望与社会经济地位指数测量》，《社会学研究》第 2 期。

李凌凌、郭晨，2016，《后喻文化：信息时代的文化反哺》，《新闻爱好者》第 1 期。

李路路，1999，《论社会分层研究》，《社会学研究》第 1 期。

李强，2000，《社会分层与贫富差别》，鹭江出版社。

李升，2006，《"数字鸿沟"：当代社会阶层分析的新视角》，《社会》第 6 期。

李雪莲、刘德寰，2018，《知沟谬误：社交网络中知识获取的结构性悖论》，《新闻与传播研究》第 12 期。

李友梅，2019，《中国 70 年社会变迁与结构转型》，《探索与争鸣》第 6 期。

李长安、蒋余丽，2020，《开发老年劳动力市场的必要性与路径研究》，《中国劳动关系学院学报》第 2 期。

李志宏，2020，《"十四五"时期积极应对人口老龄化的形势及国家战略对策》，《老龄科学研究》第 8 期。

林枫、周裕琼、李博，2017，《同一个家庭不同的微信：大学生 VS 父母的数字代沟研究》，《新闻大学》第 3 期。

刘光胜，2021，《数字时代的老龄化之殇：迷失在短视频中的"银发群体"》，《视听》第 6 期。

刘海明、马晓晴，2021，《断裂与弥合："银发数字鸿沟"与人本主义伦理建构》，《新闻爱好者》第 3 期。

刘济群，2016，《数字鸿沟与社会不平等的再生产——读〈渐深的鸿沟：

信息社会中的不平等〉》,《图书馆论坛》第1期。

刘述,2021,《积极老龄化视角下我国香港老年人数字融入路径研究》《中国远程教育》第3期。

刘丝筠,2017,《基于马斯洛需求层次理论的适老性移动终端社交平台研究》,硕士学位论文,南京理工大学。

刘炜,2015,《基于扩展TTF和UTAUT模型的老年用户社会化网络服务采纳行为研究》,《软科学》第3期。

刘渝琳、李宜航,2017,《延迟退休年龄是否会带来二次人口红利》,《人口与发展》第5期。

刘长城、徐光芳,2008,《试论网络时代的后喻文化特征》,《山西青年管理干部学院学报》第2期。

刘祖云、胡蓉,2006,《权力资源与社会分层:一项对中国中部城市的社会分层研究》,《江苏社会科学》第6期。

陆杰华、郭芳慈,2021,《数字时代弥合老年人数字鸿沟》,《北京观察》第4期。

陆杰华、郭冉,2016,《从新国情到新国策:积极应对人口老龄化的战略思考》,《国家行政学院学报》第5期。

陆杰华、韦晓丹,2021,《老年数字鸿沟治理的分析框架、理念及其路径选择——基于数字鸿沟与知沟理论视角》,《人口研究》第3期。

陆杰华,2018,《新时代积极应对人口老龄化顶层设计的主要思路及其战略构想》,《人口研究》第1期。

吕明阳、彭希哲、陆蒙华,2020,《互联网使用对老年人就业参与的影响》,《经济学动态》第10期。

麻宝斌、李国梁、杜平,2020,《社会结构,代际差异与触网程度:数字红利的影响因素分析——基于七省市调查数据》,《吉林大学社会科学学报》第4期。

孟伦,2013,《网络沟通对老年人家庭角色缺失的补偿》,《新闻界》第7期。

明乐齐，2019，《我国电信网络诈骗犯罪治理的困境与路径》，《云南警官学院学报》第 3 期。

牟红安、鲍勇，2019，《老年人概念和适老化生活环境需求研究》，《智库时代》第 22 期。

彭青云，2018，《城市老年人互联网接入障碍影响因素研究》，《人口与经济》第 5 期。

彭玉伟，2013，《人口老龄化背景下的老年诈骗犯罪被害现象初探———基于 89 起老年诈骗犯罪被害案件的分析》，《广西警官高等专科学校学报》第 2 期。

青连斌，2021，《积极应对人口老龄化要"两手抓"的战略选择和政策建议》，《西北大学学报》（哲学社会科学版）第 2 期。

沈紫嫣，2021，《从短视频平台"假靳东"事件看老年人的媒介使用困境》，《视听》第 3 期。

石晋阳、陈刚，2019，《社交媒体视域下老年人的数字化生存：问题与反思》，《扬州大学学报》（人文社会科学版）第 6 期。

世界卫生组织，2003，《积极老龄化政策框架》，华龄出版社。

宋佳伟，2021，《短视频对银发群体的控制研究》，《传媒论坛》第 8 期。

唐丹、邹君、申继亮、张凌，2006，《老年人主观幸福感的影响因素》，《中国心理卫生杂志》第 3 期。

屠秀栋，2010，《浅谈 UI 设计》，《电脑知识与技术》第 7 期。

王萍，2010，《新媒介使用对老年人生活质量的影响》，《理论界》第 10 期。

王茜、本杰明·托夫，2021，《新闻信任对用户意味着什么》，《青年记者》第 9 期。

王倩，2017，《数字代沟和数字反哺：新媒体使用与亲子关系的实证研究》，硕士学位论文，重庆大学。

王若宾、李良才、王瀚林，2018，《中国老年网民数字鸿沟的成因》，《中国信息界》第 1 期。

王胜今、舒莉，2018，《积极应对我国人口老龄化的战略思考》，《吉林大学社会科学学报》第 6 期。

王艳，2019，《移动连接与"可携带性社群"："老漂族"的微信使用及其社会关系再嵌入》，《传播与社会学刊》第 47 期。

韦大伟，2012，《数字鸿沟视角下的中国老年人互联网使用障碍研究》，硕士学位论文，武汉纺织大学。

韦路、张明新，2006，《第三道数字鸿沟：互联网上的知识沟》，《新闻与传播研究》第 4 期。

魏婕，2021，《互联网"围猎"老年人》，《中国老年报》4 月 1 日。

邬沧萍，2013，《积极应对人口老龄化理论诠释》，《老龄科学研究》第 1 期。

武晓立，2020，《跨越"数字鸿沟"：社交媒体时代老年人媒介素养的提升》，《青年记者》第 25 期。

武宜娟，2021，《积极老龄化视角下老年人的网络参与》，《学术交流》第 5 期。

向晶，2021，《以更积极的人力资源开发政策应对劳动力结构失衡》，《发展研究》第 7 期。

谢秋山、岳婷，2019，《积极老龄化背景下老年人数字融入的必要性及路径研究》，《当代继续教育》第 4 期。

谢婉婷、祝嘉静、赵浩如、赵娜，2019，《数字代沟与数字反哺——家庭场域的新媒体互动初探》，《传播力研究》第 14 期。

谢祥龙、陈艳、劳颖欣等，2017，《老年人互联网使用现状、影响因素及应对策略》，《中国老年学杂志》第 13 期。

徐丽娟，2020，《"银发网红"的自我呈现与形象塑造——基于抖音短视频的框架分析》，《新媒体研究》第 9 期。

许肇然、胡安安、黄丽华，2017，《国内外老年人互联网使用行为研究述评》，《图书情报工作》第 20 期。

薛彦芳，2015，《基于空巢老人情感需求的社区老年人服务设施设计研究》,硕士学位论文,北京理工大学。

闫慧,2012,《社群数字不平等的理论模型及其在中国情境中的应用》,《图书情报工作》第6期。

闫慧,2013,《中国数字化社会阶层研究》,国家图书馆出版社。

杨芳,2017,《城市养老观的代际差异研究》,《人口与社会》第1期。

杨善华、李静,2008,《ICT产品的应用和白领的"白领化"——一个日常生活的视角》,《广东社会科学》第3期。

杨峥威、曹书丽,2021,《媒介发展中的"数字遗民"问题及其应对策略》,《社会福利》(理论版)第2期。

原新,2018,《积极应对人口老龄化是新时代的国家战略》,《人口研究》第3期。

曾红颖、范宪伟,2019,《以老年人力资源优化开发积极应对人口老龄化》,《人民论坛·学术前沿》第6期。

张鼎昆、方俐洛、凌文辁,1999,《自我效能感的理论及研究现状》,《心理学动态》第1期。

张高飞、陈琳、毛文秀、文燕银,2021,《信息技术服务老年学习现代化:实施路径与关键问题》,《中国远程教育》第3期。

张梦霞,2021,《从疏离到介入:短视频平台老年网红群体的兴起与发展》,《视听》第2期。

张雪,2013,《城市老年人社会角色调适研究》,硕士学位论文,河北大学。

张媛,2019,《移动社交时代的老年人际交往——基于结构、情感和认知维度》,《青年记者》第36期。

赵娜、谭天,2021,《社交媒体中的积极老龄化探析——基于马斯洛需求层次理论》,《新闻爱好者》第3期。

赵万里、谢榕,2020,《数字不平等与社会分层:信息沟通技术的社会不平等效应探析》,《科学与社会》第1期。

郑超月、徐晓婕,2019,《数字反哺机制研究——以95后及其父母的短视频使用为例》,《中国青年研究》第 3 期。

钟华,2012,《衰老的他者:我国视听传媒中老年形象构建研究》,《新闻研究导刊》第 9 期。

周晓虹,2000,《文化反哺:变迁社会中的亲子传承》,《社会学研究》第 2 期。

周晓虹,2011,《文化反哺与器物文明的代际传承》,《中国社会科学》第 6 期。

周裕琼、林枫,2018,《数字代沟的概念化与操作化:基于全国家庭祖孙三代问卷调查的初次尝试》,《国际新闻界》第 9 期。

周裕琼,2015,《当老龄化社会遭遇新媒体挑战:数字代沟与反哺之学术思考》,《新闻与写作》第 12 期。

周裕琼,2014,《数字代沟与文化反哺:对家庭内"静悄悄的革命"的量化考察》,《现代传播(中国传媒大学学报)》第 2 期。

朱秀凌,2015,《青少年的手机使用、数字代沟与文化反哺——基于对福建省漳州市中学生家庭的实证分析》,《新闻界》第 11 期。

邹漫,2020,《文化反哺视角下,"数字移民"在社交类媒体的继续社会化研究》,硕士学位论文,广西大学。

Attewell, P. 2001. "Comment, The First and Second Digital Divides." *Sociology of education* 74 (3): 252–259.

Baker, D., Gazmararian, J., and Sudano, J. et al. 2000. "The Association Between Age and Health Literacy Among Elderly Persons." *Journals of Gerontology Series B: Psychological Sciences & Social Sciences* 55 (6): 368–374.

Barbosa, N. B., Franz, R., Judges, R., Beermann, C., and Baecker, R. 2019. "Can Digital Technology Enhance Social Connectedness among Older Adults? A Feasibility Study." *Journal of Applied Gerontology* 24: 49–72.

Blazun, H., Saranto, K., and Rissanen, S. 2012. "Impact of Computer

Training Courses on Reduction of Loneliness of Older People in Finland and Slovenia." *Computers in Human Behavior* 28 (4).

Cartier, C., Castells, M., and Qiu, L. 2005. "The Information Have Less: Inequality, Mobility, and Trans Local Networks in Chinese Cities." *Studies in Comparative International Development* 40 (2).

Compeau, D. R., and Higgins, C. A. 1995. "Computer Self-efficacy: Development of a Measure and Initial Test." *MIS Quarterly* (19) 189–211.

DiMaggio, P., and Bonikowski, B. 2008. "Make Money Surfing the Web? The Impact of Internet Use on the Earnings of U. S. Workers." *American Sociological Review* 73 (2).

Dimaggio, P. and Gesine, Stephan. 2003. "A Paper on Unhappiness and Unemployment." in Germ, Hargittai E., Celeste, C., and Shafer, S. *From Unequal Access to Differentiated Use: A Literature Review and Agenda for Research on Digital Inequality*. Working Papers.

Ellison, N. B., Charles, S., and Cliff, L. 2 010. "The Benefits of Facebook Friends: Social Capital and College Students' Use of Online Social Network Sites." *Journal of Computer-Mediated Communication* 12.

Eriksson-Backa, K., Ek, S., Niemela, R., and Huotari, M. L. 2012. "Health Information Literacy in Everyday Life: A Study of Finns Aged 65–79 Years." *Health Informatics J* 18 (2): 83–94.

Eriksson-Backa, Kristina. 2010. "Elderly People, Health Information, and Libraries: A Small-scale Study on Seniors in a Language Minority." *Libri* 60 (2): 181–194.

Findsen, B. 2012. "Religious Institutions as Sites of Learning for Older Adults." *New Directions for Adult & Continuing Education* (133): 71–82.

Francesca, Comunello. 2017. "Women, Youth and Everything Else: Age-based and Gendered Stereotypes in Relation to Digital Technology among

Elderly Italian Mobile Phone Users." *Media, Culture & Society* 39 (6).

Friemel, T. N. 2014. "The Digital Divide Has Grown Old: Determinants of a Digital Divide among Seniors." *New Media & Society* 18 (2): 313-331.

Gunkel, D. J. 2003. "Second Thoughts: Toward a Critique of the Digital Divide." *New Media & Society* 5 (4).

Hampton, K. N., and Wellman, B. 2003. "Neighboring in Netville: How the Internet Supports Community and Social Capital in a Wired Suburb." *City & Community* 2 (4): 277-311.

Helsper, E. J. 2010. "Gendered Internet Use Across Generations and Life Stages." *Communication Research* 37 (3).

Houssein, C., Lagacé, M., Laplante, J., and Tanguay, A. 2015. "How Ageism Contributes to the Second-level Digital Divide: The Case of Canadian Seniors." *Journal of Neuro Oncology.*

Hsieh, J., Rai, A., and Keil, M. 2011. "Addressing Digital Inequality for the Socioeconomically Disadvantaged through Government Initiatives: Forms of Capital that Affect ICT Utilization." *Information Systems Research* 22 (2): 233-253.

James, B., Boyle, P., Yu, L., and Bennett, D. 2013. "Internet Use and Decision Making in Community-based Older Adults." *Frontiers in Psychology* 4: 1-10.

Keith, H., and Barry, W. 2003. "Neighboring in Netville: How the Internet Supports Community and Social Capital in a Wired Suburb." *City & Community* 2 (4).

Khosravi, P., Rezvani, A., and Wiewiora, A. 2016. "The Impact of Technology on Older Adults Social Isolation." *Computers in Human Behavior* 63.

Kim, Y. S., and Merriam, S. B. 2010. "Situated Learning and Identity Development in a Korean Older Adults' Computer Classroom." *Adult Educa-*

tion Quarterly 60（5）：438－455.

Korupp, S. E., and Marc, S. 2005. "Causes and Trends of the Digital Divide." *European Sociological Review*（4）：409－422.

Korupp, S. E., and Szydlik, M. 2005. "Causes and Trends of the Digital Divide." *European Sociological Review* 21（4）.

Larissa, Hjorth, and Lupton, Deborah. 2021. "Digitised Caring Intimacies：More-than-human Intergenerational Care in Japan." *International Journal of Cultural Studies* 24（4）.

Lee, B., Chen, Y., and Hewitt, L. 2011. "Age Differences in Constraints Encountered by Seniors in Their Use of Computers and the Internet." *Computers in Human Behavior* 27（3）：1231－1237.

Lin, N. 1999. "Building a Network Theory of Social Capital." *Connections* 22.

Melenhorst, A., Rogers, W. A., and Bouwhuis, D. G. 2006. "Older Adults' Motivated Choice for Technological Innovation：Evidence for Benefit-driven Selectivity." *Psychology & Aging* 21（1）：190－195.

Norris, P., and Jones, P. 1998. "Virtual Democracy." *Harvard International Journal of Press Politics* 3（1）：1－4.

Nowland, R., Necka, E. A., and Cacioppo, J. T. 2017. "Loneliness and Social Internet Use：Pathways to Reconnection in a Digital World？" *Psychological Science* 13（1）.

Po-An, Hsieh, Rai, A. K., and eil, M. 2011. "Addressing Digital Inequality for the Socioeconomically Disadvantaged Through Government Initiatives：Forms of Capital that Affect ICT Utilization." *Information Systems Research* 22（2）：233－253.

Robinson, J. P., Kestnbaum, M., Neustadtl, A., and Alvarez, A. 2000. "Mass Media Use and Social Life Among Internet Users." *Social Science Computer Review* 18（4）：490－501.

Rosen, L. D., Sears, D. C., and Weil, M. M. 1993. "Treating Technophobia: A Longitudinal Evaluation of the Computerphobia Reduction Program." *Computers in Human Behavior* 9 (1): 27 – 50.

Selwyn, N., Gorard, S., Furlong, J., and Madden, L. 2003. "Older Adults' Use of Information and Communications Technology in Everyday Life." *Ageing and Society* 23 (5): 561 – 582.

Shah, Dhavan V., Kwak, N., and Holbert, R. L. 2001. "Taylor & Francis Online: 'Connecting' and 'Disconnecting' With Civic Life: Patterns of Internet Use and the Production of Social Capital-Political Communication." *Political Communication* 18 (2).

Shah, V., Nojin, Kwak, Lance, R., and Holbert, D. 2001. "'Connecting' and 'Disconnecting' with Civic Life: Patterns of Internet Use and the Production of Social Capital." *Political Communication* 18 (2): 141 – 162.

Szabo, A., Allen, J., Stephens, C., and Alpass, F. 2019. "Longitudinal Analysis of the Relationship between Purposes of Internet Use and Well-being among Older Adults." *The Gerontologist* 1.

Trisha, Bakshi, and Asmita, Bhattacharyya. 2021. "Socially Distanced or Socially Connected? Well-being through ICT Usage among the Indian Elderly during COVID – 19." *Millennial Asia* 12 (2).

van Deursen, A. J., Van Dijk, J. A., and Klooster, P. T. 2015. "Increasing Inequalities in What We do Online: A Longitudinal Cross Sectional Analysis of Internet Activities among the Dutch Population (2010 to 2013) over Gender, Age, Education, and Income." *Telematics & Informatics* 32 (2): 259 – 272.

van Dijk, J., and Hacker, K. 2003. "The Digital Divide as a Complex and Dynamic Phenomenon." *The Information Society* 19 (4).

Vroman, K., Arthanat, S., and Lysack, C. 2015. "'Who over 65 is online?' Older Adults Dispositions toward Information Communication Technology. " *Computers in Human Behavior* 43.

Yu, R. P. , Mccammon, R. J. , Ellison, N. B. , and Langa, K. M. 2016. "The Relationships that Matter: Social Network Site Use and Social Well-being among Older Adults in the United States of America. " *Aging & Society* 9.

| 附录 |

研究对象和方法

本研究的数据包括三个方面。一是定性数据，包括对60岁以上老年人的焦点组访谈以及对适老化产品设计者的焦点组访谈。二是定量数据，包括对56岁以上老年人的问卷调查。三是大数据分析，数据来源于各个渠道的网络新闻和网民评论数据。

一 定性数据

在定性数据方面，课题组于2021年6月至8月在北京、哈尔滨、无锡、蚌埠、成都、银川和固原进行了田野调查，涵盖了华北、东北、华东、西南和西北地区。主要使用焦点组访谈的研究方法，一共做了25组焦点组访谈，共166人次。每组访谈4~8位60岁以上老年人。样本选择方面尽量覆盖所在社区、性别、年龄、职业和受教育程度不同的老年人，在地理位置上，调研社区涵盖了东部、中部、西部；在社区类别上，既调查了城市社区，也调查了农村社区；在社区性质上，包括商品房小区与单位家属院；在社区构成上，内包随迁老人、老年志愿者、老年知识分子等各具特色的老年人群体。出于对被访者个人信息保密性的考虑，本研究在讨论相关数据时进行了匿名化处理，主要针对姓名和社区名字。调研社区的基本情况如表1所示。

表 1 调研社区和地点的主要特征

社区	主要特征	焦点组数量	人数合计
北京市海淀区 S 社区	地处北京市海淀区城乡接合部	1	8
北京市西城区 M 社区	老旧小区、工人社区 社区居民老年人居多，且文化层次较高	2	12
北京市海淀区 Q 社区	随迁老年人较多	1	8
北京市海淀区 X 社区	随迁老年人较多	1	8
无锡市滨湖区 Y 社区	工厂家属院，老年居民之间联系较紧密，社区参与程度高	1	8
无锡市 J 社区	老旧小区，80 岁户籍老人有 200 多人 社区内志愿服务发展程度较高，老年居民社区参与程度较高	1	6
蚌埠市 L 社区	商品房社区，属于高档住宅小区	1	8
蚌埠市 W 社区	商品房社区，社区居民来源复杂	1	8
蚌埠市 T 社区	商品房社区，社区居民来源复杂	1	8
蚌埠市 H 社区	村转居社区，社区居民来源复杂	1	8
成都市 D 村社区	农村社区，属于典型的散居型农业村	1	8
成都市 A 村社区	农村社区，属于典型的散居型农业村	1	8
成都市 Y 社区	社区常住居民 3360 户，其中 60 岁以上老人有 1996 人，孤寡老人 2 人	1	9
成都市 H 社区	新建小区，基层治理改革示范社区	1	5
哈尔滨市 H 社区	家属院，老旧小区	2	15
哈尔滨市 F 社区	老旧小区	2	12
哈尔滨市 H 社区	高校家属院，老年居民多为学校教师，受教育水平较高	2	12
固原市 P 社区	有 68 栋楼的超大社区，内部住户结构较复杂，市辖周边县的乡村移民比较多	2	8
银川市 G 小区	老小区，小区初建位于银川市工业区范围内，周围较多铸造厂、棉纺厂，所以样本中恰好采集到了厂内的退休员工，除此之外小区内也有一些非省会市的移民	1	4
银川市 M 镇	生态移民形成的聚集地，有大量回汉移民	1	4
总计		25	166

二 定量数据

定量数据来源于对老年人的线上调查，由于考虑到线上调查对老年人互联网使用能力有一定要求，因此将年龄范围扩展至56岁及以上的老年人。最后共获得来自全国30个省、自治区和直辖市的632个样本，涵盖安徽、北京、福建、甘肃、广东、广西、贵州、海南、河北、河南、黑龙江、湖北、湖南、吉林、江苏、江西、辽宁、内蒙古、宁夏、青海、山东、山西、陕西、上海、四川、天津、新疆、云南、浙江和重庆等地。调查对象年龄范围从56～81岁，平均年龄61.1岁，调查对象基本情况如表2所示。

表2 线上调查老年人人口学特征

人口学特征	类别	人数百分比
受教育程度	小学及以下	4.0%
	初中	22.2%
	高中/中专/职高	40.8%
	大学专科	21.7%
	本科及以上	11.4%
婚姻状况	有配偶/同居伴侣	90.0%
	丧偶	4.9%
	离婚	4.4%
	从未结婚	0.6%
样本总量		632人

三 大数据

大数据主要来源于各个渠道的网络新闻和网民评论数据。通过设置特定的话题关键词，以及特定的时间节点进行检索，以获取目标样本。

在本研究中，主要获取渠道为网络新闻、微博、微信公众平台、论坛博客等，获取内容为各互联网舆论渠道的网民评论样本。

考虑到疫情前后对适老化事项的评价和情绪，本研究设计的时间节点为 2019 年 1 月至 2021 年 6 月，充分考虑了疫情前后的长时间变化和趋势发展。

本研究的方法，主要是通过大数据聚类、机器语义识别等，判定出单条文本情感倾向，再通过百分比换算得到舆论对某些具体事件等的相关讨论中体现出的正负面情绪趋势。

表 3　大数据数据来源、处理方式和样本规模

数据类别	来源	样本规模
疫情期间老年人群体面对信息化不便情绪	网络新闻、微博、微信公众平台等舆论渠道网民评论数据。通过机器语义识别出单条文本情感倾向，再通过百分比换算得到舆论对老年人群体网上买菜购物、就医出行扫码等信息化生活相关讨论的正负面情绪趋势	N = 3.3 万
老年人群体网购话题舆情	网络新闻、微博、微信公众平台、论坛博客等舆论渠道传播数据。设置相关话题关键词，在网络新闻、微博、微信公众号、论坛博客等互联网舆论渠道中进行检索，得到媒体和网民对老年人群体网购的讨论热度	N = 95.8 万
老年人群体网购相关信息网民情绪	网络新闻、微博、微信公众平台等舆论渠道网民评论数据。设置相关话题关键词进行检索，获取各平台网民评论样本，通过机器语义识别出单条文本的情感立场，进一步得到网民情绪百分比分布情况	N = 32.6 万
老年人群体网购相关信息认同度	网络新闻、微博、微信公众平台等舆论渠道网民评论数据	N = 32.6 万
涉老年人群体网购纠纷的舆论观点	网络新闻、微博、微信公众平台等舆论渠道网民评论数据。设置相关话题关键词进行检索，获取各平台网民评论抽样。通过大数据聚类、语义分析等归纳总结出涉老年人群体网购纠纷的舆论观点	N = 2000
老年人群体手机上网问题舆论风险感知	网络新闻、微博、微信公众平台等舆论渠道网民评论数据。设置相关话题关键词进行检索，得到各个风险点的讨论热度，通过标准化计算得到其热度指数。将获取到的各平台网民评论抽样，通过机器语义识别出单条文本情感倾向，将网民所表达的担忧、质疑等情绪聚类，通过标准化和加权计算法得到各个风险点风险指数	N = 103.6 万

续表

数据类别	来源	样本规模
老年人群体针对养生文章讨论词频分布	网络新闻、微博、微信公众平台等舆论渠道网民评论数据。设置相关话题关键词进行检索，获取各平台网民评论抽样。通过机器模型计算得到老年人群体对养生文章讨论热词	N=26.1万
担忧老年人群体沉迷网络娱乐相关信息舆论观点	网络新闻、微博、微信公众平台等舆论渠道网民评论数据。通过大数据聚类、语义分析等归纳总结出舆论观点	N=1500
社会对老龄化相关信息担忧趋势	网络新闻、微博、微信公众平台等舆论渠道网民评论数据。设置相关话题关键词进行检索，获取各平台网民评论抽样。通过机器语义识别出单条文本情绪类型，将数据进行标准化计算，通过加权计算法得到舆论对社会老龄化担忧指数，并通过百分比换算法得到各地区担忧情绪占比	N=197.8万
社会对老龄化相关信息地区担忧占比分布	微博舆论渠道网民评论数据	N=65.7万
智能养老相关产品舆论热度指数	微信公众号、微博、新闻、论坛、博客等境内网络场景传播数据	
"适老化"相关信息热度指数及情绪变化	网络新闻、微博、微信公众平台等舆论渠道网民评论数据。设置相关话题关键词进行检索，获取各平台网民评论抽样。通过机器语义识别出单条文本情感倾向，再通过百分比换算得到舆论对"适老化"相关话题的热度指数与情绪分布情况	N=3.3万
期待解决"数字鸿沟"相关信息舆论观点	网络新闻、微博、微信公众平台等舆论渠道网民评论数据	N=1000

致　谢

曾经有一句在社会上产生了极大共鸣的话：当时代抛弃你时，连一声招呼都不会打！近代中国百年来一直处于快速变迁的过程之中，社会中的每一个人都有掉队和被弃置的风险，一不小心，你就可能成为被时代抛弃和忽略的那一类人，如彼时的国企工人、农民工，现今的外卖骑手、互联网大厂"毕业生"，谁也无法准确地预判未来。2018年，我们的研究团队在全国做过一次老年人使用互联网的状况调查，那时，我们做出了一个"错误"的研判，认为：在不存在外部动因强力推动的情况下，老年人与网络社会脱节的趋势是不可逆转的，他们的生活可以自给自足。作为研究者，我们看不到强力的外部动因在哪里，故而认定在网络时代，老年人问题的最优解决方案是在有充分保护的前提下进行推动。但2019年以来的一系列变故，各种"码"的出现，使得老年人不能坐车、不能看病、不能买菜的窘境暴露在大众面前，他们与网络社会脱节的情况，引发了全社会的关注。本应安享晚年的老人们，与其他人一样，都应该是网络社会的主人，但在现实生活中，他们却悄悄地"消失"了。调研的时候，一些不会使用智能手机的老人无奈地说："没有手机，我哪也不去，就在小区溜达溜达，买东西就在附近认识的小店里买。"这种被网络技术"圈禁"的生活，显然不是主人所应有的待遇，谁能帮助他们打开数字囚笼？

在全社会的共同努力下，老年人使用智能手机所面临的一道道跨不过去的技术门槛，看似都已消失了，老年版、大字版、简易版的软硬件让他们能够更加容易地进入网络生活之中，但是技术门槛背后潜藏的社会门槛并没有完全消失，在"得年轻人者得天下"的竞争环境下，老年人可能始终是一个"消失"的主人。

我们的这项研究只是一个力图了解老年人融入网络社会的探索性研究，得到了大家的大力支持，在此感谢项目组织者、书稿撰稿人、出版审稿人、数据提供者、受访人及其他参与者为本研究的付出，特别要对下列参与本研究和为本研究给予帮助的同仁表示谢意：蔡柏涵、崔斌、崔楠、高大为、高文珺、黎叶、李夏青、刘瑾、刘进、卢绍良、潘宇峰、戎飞腾、沈李美慧、王璐、王露瑶、王雪琦、吴亮、吴小平、徐博、徐诗咪、徐滔、杨阳、翟田雪、张钧、周博云（按姓氏首字母拼音排列）。

图书在版编目(CIP)数据

唤醒"消失"的主人：数字时代的网络适老化研究 / 田丰，郭冉，张书琬著 . -- 北京：社会科学文献出版社，2022.11（2024.2 重印）
（社会发展与社会治理文库）
ISBN 978 - 7 - 5228 - 0743 - 0

Ⅰ.①唤… Ⅱ.①田… ②郭… ③张… Ⅲ.①数字技术 - 应用 - 老年人 - 社会生活 - 研究 - 中国 Ⅳ.
①D669.6 - 39

中国版本图书馆 CIP 数据核字（2022）第 170206 号

社会发展与社会治理文库
唤醒"消失"的主人
——数字时代的网络适老化研究

著　　者 / 田　丰　郭　冉　张书琬

出 版 人 / 冀祥德
组稿编辑 / 谢蕊芬
责任编辑 / 庄士龙　胡庆英
责任印制 / 王京美

出　　版 / 社会科学文献出版社·群学出版分社（010）59367002
　　　　　 地址：北京市北三环中路甲 29 号院华龙大厦　邮编：100029
　　　　　 网址：www.ssap.com.cn
发　　行 / 社会科学文献出版社（010）59367028
印　　装 / 唐山玺诚印务有限公司

规　　格 / 开　本：787mm × 1092mm　1/16
　　　　　 印　张：12.5　字　数：178 千字
版　　次 / 2022 年 11 月第 1 版　2024 年 2 月第 2 次印刷
书　　号 / ISBN 978 - 7 - 5228 - 0743 - 0
定　　价 / 79.00 元

读者服务电话：4008918866

版权所有 翻印必究